供应链知识共享空间模型及激励机制研究

GONGYINGLIAN

ZHISHI GONGXIANG

KONGJIAN MOXING

JI

JILI JIZHI YANJIU

安小风　著

重庆大学出版社

内容提要

知识已经成为供应链中最重要、最稀缺的资源，供应链成员企业充分有效的知识共享已经成为供应链竞争优势的来源。供应链成员知识共享是一种囚徒困境。因此，本书以供应链成员知识共享行为为研究对象，试图从知识共享行为方面去寻求解决问题的方法。现代经济学认为，解决个人理性与集体理性冲突的办法不是否认个人理性，而是设计一种机制，在满足个人理性的前提下达到集体理性。为此，本书研究的出发点在于构建供应链知识共享空间模型，创造一种有利于知识共享合作的激励机制，使成员企业在追求自身利益的前提下，同时实现供应链整体利益的最大化，且这种机制可以为供应链知识共享长期有效地开展提供制度保障。

图书在版编目（CIP）数据

供应链知识共享空间模型及激励机制研究／安小风著. -- 重庆：重庆大学出版社，2023.5
ISBN 978-7-5689-3026-0

Ⅰ．①供…　Ⅱ．①安…　Ⅲ．①供应链管理—知识管理—资源共享—研究　Ⅳ．①F274

中国版本图书馆 CIP 数据核字（2021）第 237305 号

供应链知识共享空间模型及激励机制研究
安小风　著
责任编辑：顾丽萍　　版式设计：顾丽萍
责任校对：关德强　　责任印制：张　策

＊

重庆大学出版社出版发行
出版人：饶帮华
社址：重庆市沙坪坝区大学城西路 21 号
邮编：401331
电话：（023）88617190　88617185（中小学）
传真：（023）88617186　88617166
网址：http://www.cqup.com.cn
邮箱：fxk@ cqup.com.cn（营销中心）
全国新华书店经销
重庆市正前方彩色印刷有限公司印刷

＊

开本：720mm×1020mm　1/16　印张：10.5　字数：151 千
2023 年 5 月第 1 版　　2023 年 5 月第 1 次印刷
ISBN 978-7-5689-3026-0　定价：69.00 元

前 言

供应链是以客户需求为导向,以提高质量和效率为目标,以整合资源为手段,实现产品设计、采购、生产、销售、服务等全过程高效协同的组织形态。国务院办公厅印发《关于积极推进供应链创新与应用的指导意见》(国办发〔2017〕84号),这是国务院首次就供应链创新发展出台指导性文件,对提升我国供应链发展水平发挥了重要作用。由此可见,供应链思想和供应链战略从微观企业层面已经上升到国家战略层面。

2005年11月3日,联合国教科文组织公布了"世界报告"系列的首份报告——《迈向知识社会》。报告提出了"知识社会"的概念,强调知识社会建立在多样性和知识共享的基础之上,是人类可持续发展的源泉。这标志着"知识社会"作为人类共同的信仰已经被人们普遍接受。德鲁克在比较资本主义两个100年的巨大差异的原因时指出,"只能解释为将知识运用于工作的结果"。而从巴比奇提出分析机的设想到如今计算技术取得的惊人发展,最简单而又最广泛地被大家接受的解释是,他们反映了把不断扩展的知识,连续、系统而集中地应用于其范围不断增大的物质过程之中。的确,建立在以牛顿学说的模型为基础上的传统理论,很难对知识经济时代的很多现象做出合理的解释。新的时代,需要有新的理论去解释和理解它,而新的理论与原有的理论相比必然有更强的解释力,基于知识的企业理论(the Knowledge-based Theory of the Firm)正是在这样的条件下形成和发展的一种企业理论。

基于知识的企业理论认为,知识是供应链的战略性资源。如何管理供应链中的知识,实现知识的有效共享已经被中外学者广泛关注。本书基于知识的企业理论、委托代理理论、空间理论等理论基础,对供应链知识共享相关问题进行了研究,构建了供应链知识共享的 I-T-P 空间模型,以此作为供应链知识共享制度依存的环境。在机制或制度设计方面,针对不同空间维度设计了不同的激励机制,具体而言,即针对信息维度和任务维度主要采取合约机制;针对偏好维度主要设计了供应链知识共享的道德市场机制,且认为供应链知识共享的主体行为主要受到合约机制和道德市场机制的制约和影响。

本书是以作者博士论文为基础撰写。在此,我要感谢我的导师杨秀苔教授、张旭梅教授,两位老师高尚的师德风范、渊博的学识、严谨的治学态度,让我十分钦佩的同时,也激励我不断克服各种困难。在攻读博士学位期间,论文从选题、开题、写作、修改,得到了导师悉心的指导和帮助,整篇论文凝聚着导师大量的心血。师恩如山,这一生,我都将怀着对老师的感激和祝福!

本书对供应链知识共享相关问题进行研究,旨在构建基于供应链知识空间理论,并在此基础上设计供应链知识共享激励机制,打破供应链知识共享囚徒困境。但由于作者水平有限,在研究中还存在诸多不足,希望读者怀包容之心,有渡人之情怀,诚心批评,热心谏言。

安小风

2022 年 11 月

目 录

1

绪　论

随着时代的变迁,供应链的内涵以及决定供应链竞争力的因素已经发生了变化。在知识经济时代,供应链有效的知识共享已经成为其竞争力的源泉。如何正确理解供应链中知识的含义、激励供应链成员充分有效地共享知识已成为供应链管理不可回避的问题。对供应链知识共享问题进行研究,重点在于对供应链知识共享空间环境进行分析,并试图找到相应的机制来激励成员共享知识。本章研究内容包括对供应链管理面临的新的时代背景的介绍,以及对研究的意义、研究的主要内容、研究的思路和方法、研究的创新点等的论述。

第一节　研究背景

本书受国家自然科学基金(批准号:70871128)和重庆市自然科学基金(批准号:CSTC,2005BB2184)的资助。

2005 年 11 月 3 日,联合国教科文组织公布了其"世界报告"系列的首份报告——《迈向知识社会》(*Towards Knowledge Societies*)。报告提出了"知识社会"的概念,强调知识社会建立在多样性和知识共享的基础之上,是人类可持续发展的源泉。这标志着"知识社会"作为人类共同的信仰已经被人们所普遍接受。

人类社会由步入资本主义社会到迈向知识社会,彼得·德鲁克(Peter F. Drucker, 1993)认为这种转变是因知识含义的彻底改变而引起的。德鲁克经过长期深入的研究,认为知识的社会目的可以分为三个历史阶段,见表 1.1。第一阶段,他认为是工业革命之前,对知识的探求纯粹是为了知识、启迪、智慧本身。第二阶段大约从 1700 年开始,随着技术的发明,知识开始指有组织、有体系、有目的的知识。这个阶段可分为两个时期,前期是将知识运用于工具、生产过程和产品,从而产生了工业革命;后期是在 1881 年前后,弗雷德里克·温斯洛·泰勒(Frederick Winslow Taylor)对工作实行的科学管理,将知识运用于工作,开创了生产力革命。第三阶段知识运用于知识本身,从而引发了管理革命。知识被用于知识,这是知识变革的第三阶段,或许是最后一个阶段。利用知识来找出如何把现有知识最大限度地转化为生产力。实际上就是我们所说的管理。

表 1.1 知识转型的三个阶段

第一阶段	启蒙时代	为了启迪思想、增加智慧的知识
第二阶段	工业时代	应用知识
第三阶段	知识时代	知识的知识

（数据来源：ALLEE V. The knowledge evolution[M]. Oxford：Butterworth-Heinemann,1997:21）

知识含义的改变从根本上改变了社会的结构，它创造了新的社会动力，创造了新的经济动力，也创造了新的政治经济学。我们生活的社会因知识而发生了或正在发生着深刻的变化，这一变化非但没有结束，反而会更加深远，对这种变化的最终结果做任何的预测，显然是徒劳的。我们难以用现有的知识去预知我们的未来，但是我们也不是被动等待和接受这一变化的结果，我们要创造新的知识去适应我们生活的这样一个时代。

未来学家们认为，基础科学和信仰的改变将会引起深远的变化。Allee（1997）认为我们已经或正经历着这种转变，引力也是巨大的。运动这种转变是从牛顿体系世界观到量子世界观的转变。量子物理学和混沌学已经使我们对物质工作的机理有了新的理解。这种思想上的巨大转变不能够忽视，其转变的痕迹处处可见，见表 1.2。

表 1.2 传统思维、新思维

题干	传统思维	新思维
科学基础	牛顿物理	量子物理
时间	是单历程(一时一事)的	是多历程(一时多事)的
理解方式	部分理解	整体方式
信息	是最终可知的	是不确定的、无边界的
增长	是线性的、有序的	是有机的、无序的
管理	意味着控制、预测	意味着洞察与参与
工人	分类、专门化	多面手,不断学习

续表

题干	传统思维	新思维
动机来源	外部作用和影响	内在创造力
知识	是独立的	是协作的
组织	是设计出来的	是逐渐演变的
生活的激励	依靠竞争	依靠协作
变化	让人担心	一切都有

（数据来源：ALLEE V. The knowledge evolution[M]. Oxford：Butterworth-Heinemann，1997：20）

Allee 强调，"知识已被运用于我们自身的知识和思维"，但是"我们还处于运用知识去理解知识本身这一能力的最初阶段"。"如果我们能够共同创造一个美好的未来，那么我们必须注意到我们如何共同学习和如何达到相互理解。我们必须开始理解我们作为一个群体怎样共同创造知识和向知识本身提出知识问题。"在《知识的进化》最后，Allee 给我们指出了知识进化的方向：引导我们通往成功企业的知识不是我们精神中的知识，而是心灵的知识。当我们允许我们体验所有心灵的问题的力量时，我们就超越了知识时代，进入更健康、更多彩、更合作也更明智的世界。

同工业化经济相比，信息经济需要一种对经济和社会过程的截然不同的思考方式，Boisot（1998）称其为一种新的范式，并指出新旧范式的差异在于其生产函数对知识和信息的不同对待。

生产函数是用不同投入数量的各种生产性要素所达到的产量水平的集合，其中每一种投入组合都代表着各不相同的一组技术和组织安排，而且假定特定类型产品的所有生产者全都知道这些安排。在农业经济中，生产性要素是土地和劳动；在工业经济中，它们是资本和劳动。在传统的生产函数中，马克思、古典和新古典经济学家决定把知识和信息当作他们系统的参数而不是系统内部的变量。以这种方式忽视知识和信息，就使他们得以集中精力研究经济过程的能量维度。剥离了与知识和信息之间的任何相互作用，他们所研究的能量系统就表现出颇具价值的线性性质,其中,原因和结果持续不断地、成比例地起作用。相比之下,知识和信息则可以是高度非线性的,因而是断裂性的。当被注入物理系统中时,它们具有产生重要的不连续的现象的倾向,而且即使微小的原因也可以造成不成比例的巨大后果。

图1.1所表示的是一个典型的生产函数。该图中曲线 AA' 和曲线 BB' 被称为等量曲线。每一条曲线都显示着,生产特定水平的产出所需要的资本和劳动的不同组合,并隐含地表示着把它们结合在一起的技术。沿着任何一条给定的等量曲线移动,就确定了运用某种特定技术在边际上以一种要素替代另一种要素的替代率。生产性要素表现出恒定的规模收益:资本和劳动投入增加一倍,产出就会增加一倍。

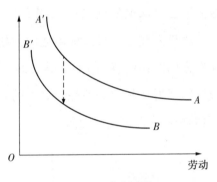

图1.1 生产函数

(资料来源:BOISOT M H. Knowledge assets: securing competitive advantage in the information economy[M]. New York: Oxford University Press,1998:29.)

技术进步在生产函数上的表现是等产量线趋向原点的位移——就是从曲线 AA' 到曲线 BB'。因而这表现为以外生的方式引起的不连续性现象。就传统的生产函数来说,知识和信息的增长不可能构成分析的组成部分。

在20世纪末期,实际上在所有产业的范围内,知识都已经成为国家财富的举足轻重的关键性因素。因此,经济学家保罗·罗默(Paul Romer,1990)得出结论:除了劳动和资本外,人们必须把知识作为一种生产要素加进来。正如莫里斯·斯科特(Maurice Scott,1991)所说的那样,罗默把知识纳入现有的新古典生产函数中去的尝试是站不住脚的。知识本身无法作为一种生产要素与资本和劳动并列在一起，其原因在于后两种要素已经把知识以难以分割的方式纳入自身的结构之中。因此，Boisot(1998)得出结论：如果知识应当作为一个合理可靠的角色出现在生产函数中的话，那么它就不可能是附加到现有的生产函数上去的东西。必须从头开始反思这种生产函数本身是怎样建立起来的。

在 Boisot 演化的生产函数中，把能量、空间和时间上的物质属性聚合成一个单一的物质要素；把数据作为新函数的第二个维度，如图1.2所示。Boisot 指出演化的生产函数提供了两个深邃的见解。第一个是，在既定的范围之内，一个系统的数据消耗及其物质资源消耗之间存在着某种权衡关系。通过沿着变换曲线 AA' 向上或向下移动，一个系统可以通过提高其数据消耗来节省对物质资源的消耗，反之亦然。第二个深刻的见解是，在任何一个能够随着时间推移而发生演化的系统中，物质投入和信息投入两者之间的权衡关系是不对称的，也就是说，它有一个优选方向。在任意两个时间段之间，一个系统或其后续发展起来的东西，会呈现出趋于增加其数据消耗和处理的倾向，因而同时呈现出趋于降低其每单位产出的物质资源消耗的倾向。

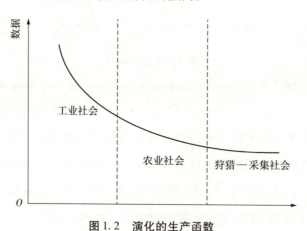

图 1.2　演化的生产函数

（资料来源：BOISOT M H. Knowledge assets：securing competitive advantage in the information economy[M]. New York：Oxford University Press，1998：29. ）

传统的"生产要素"——土地（即自然资源）、劳动力、资本——没有消失。但它们已成次要的了。只要有知识，就能够得到它们，而且能够轻易地得到。在这一新含义下，知识是一种效用，是获得社会和经济效益的手段。知识时代的到来，知识成为供应链中最有价值的资源，如何管理供应链中的知识已经成为提高供应链整体运作效率进而提高供应链竞争力的关键所在。对供应链的管理，在很大程度上成为对供应链知识的管理，对供应链知识的管理已成为供应链管理唯一有意义的事情。本书研究供应链知识共享问题正是在这一背景下做出的选择。

第二节 学术和现实意义

本书研究的学术和现实意义：一是构建供应链知识共享空间模型的学术和现实意义；二是针对不同空间模型所设计的激励机制的学术和现实意义。下面分别简要论述。

一、供应链知识共享的空间模型构建的学术和现实意义

供应链知识共享始于供应链管理实践，具体而言是始于实业界和理论界对日本丰田公司似乎在一夜间取得的比其欧美竞争对手更强的竞争力的关注。因此，在理论研究过程中，学者们围绕丰田知识共享展开了一系列的研究，如Dyer & Nobeoka（2000）通过进一步研究打开了丰田知识共享网络有效性的"黑箱"：丰田在其供应网络中建立了一系列有效的知识共享机制，打破了知识共享囚徒困境；Dyer & Hatch（2004,2006）则研究了同样的供应商网络在共享知识过程中的效率差异。这些研究加深了我们对供应链知识共享的认识和理解，但是这些研究也都是围绕丰田这一特殊个案展开的，是在其特有的环境和约束条件下取得的成功经验。由于不同的供应链其构成千差万别，运行的约束条件也各

不相同,因此,对丰田的研究带给其他企业知识共享的借鉴意义有限。更为重要的是,作为理论研究,要对每个企业知识共享的约束条件进行考察、研究,其工作量是非常大的,也没有必要。那么我们能否找到一个具有普遍意义的供应链知识共享的分析框架呢?如果有,那么不但能够让我们从纷繁的现象中找出知识共享的关键因素,还能够把研究引向深入。本研究构建基于"信息-任务-偏好"(在以下部分为了书写方便,有时候用其英文单词的首字母表示这一模型:I-T-P)的供应链知识共享空间,且这一空间的每一维度又是一个三维的空间,即信息空间、任务空间和偏好空间,它们相互独立,又彼此重叠,通过这样的空间模型,从维度上能够简化对供应链知识共享问题的分析,同时又能够较好地刻画出供应链知识共享复杂的环境。

从现实意义来看,管理学原理告诉我们并不是对所有问题都进行管理,管理都是有成本的,换句话说,任何管理都是在成本约束下的行为。因此,在管理实务中,对管理一般都是采取重点控制法,仅对关键的因素和环节实施管理和控制。对一个面临复杂环境的供应链而言(需要强调的是,一个供应链面临的环境远远比一个企业要复杂得多),本书构建的"信息-任务-偏好"空间模型,能够对供应链知识共享许多现象提供合理的经济学解释,以便我们更好地理解供应链中知识共享的行为。

二、针对不同空间模型所设计的激励机制的学术和现实意义

Angel Cabrera & Elizabeth F. Cabrera(2002)根据 Connolly & Thorn(1992)的一些经验研究,认为知识共享是一个囚徒困境。供应链知识共享囚徒困境的产生是由于供应链中存在成员个人理性和供应链整体理性的冲突,即追求个人利益最大化的成员企业在实现个人目标的情况下往往导致供应链整体利益的次优状态。现代经济学认为,解决个人理性与集体理性之间冲突的办法不是否认个人理性,而是设计一种机制,在满足个人理性的前提下达到集体理性。因此,本书所提出的解决供应链知识共享囚徒困境的方法,其目标是要改变囚徒困境

的环境,创造一种有利于知识共享合作的激励机制,使成员企业在追求自身利益的前提下,同时实现供应链整体利益的最大化。

针对本书所构建的空间模型,提出可以通过两种机制来实现这一目的:一是针对决策信息空间和任务空间,引入委托代理理论,设计一系列合约来实现;二是针对供应链知识共享的偏好空间,提出建立道德市场来实现成员间知识共享。虽然供应链中的委托代理关系较早为人们所认识,但把委托代理理论引入供应链知识共享中,建立一种良好的供应链知识共享制度,以保证供应链知识共享长期有效地开展,据笔者阅读所及,至今未见有人对此做过深入研究;把"道德"引入供应链知识共享机制设计中,更是一个大胆的尝试和创新。本研究若取得成功,不仅会拓展委托代理等理论的应用领域,丰富和完善基于知识的供应链管理理论,更有价值的是这将使我们对供应链知识共享中人的行为的理解更进一步,为在具体制度的设计上提供更有力的理论依据和支持。

第三节 研究的内容和方法

一、研究的内容

供应链知识共享的问题,实质上是一个关于组织或个人合作的问题。正如Axelrod(1985)在其著作《合作的进化》中所指出的,"本文研究人类的合作问题,但是人类的历史其实是一部人类的不合作历史,人类在相当长的时间是不合作的……"由此可知,人类的共享与合作是一个复杂的问题。因此,本书不可能对供应链知识共享的各项议题展开全面的研究。结合作者现有知识的积累状况、研究兴趣等因素,从研究的可行性出发,笔者拟选择其中部分议题进行研究。研究内容可分为两个部分:一是构建供应链知识空间模型,形成供应链知识共享分析的统一框架;二是针对不同的空间环境设计出不同的共享激励机制。具体而言,本书研究如下四个议题。

第一个要研究的议题是从供应链知识共享行为入手。首先,分析比较了供应链知识共享与供应链中信息及其他有形资源的共享差异,得出知识共享的特点,要求供应链知识共享采取 Alchian & Demsetz(1972)所说的"团队生产"方式进行。其次,分析了在团队生产方式下,供应链成员行为的囚徒困境。最后,说明了在供应链知识共享过程中引入委托代理理论的作用,指出供应链知识共享合约是一个结构性的合约。

合约机制作为供应链知识共享的一项正式制度,是打破供应链知识共享囚徒困境,促使供应链知识共享顺利开展的最主要机制。但是任何制度或机制总是在一定环境下才能够有效运行,不可能找到一种放之四海都有效的制度。结合供应链知识共享这一具体环境,本书提出了供应链知识共享的空间模型,即"信息-任务-偏好"空间模型,以此来作为分析供应链知识共享问题的统一框架,合约设计是基于这一框架下的制度安排。

第二个研究的议题是供应链知识共享的决策信息空间模型及合约机制设计。信息是影响人的行为及行为选择的重要因素。知识的特征决定了信息不对称是供应链知识共享的一个基本问题,且这一问题贯穿于知识共享始终。按照信息经济学的分类,信息不对称可以分为事前信息不对称与事后信息不对称。把事前信息不对称称为道德风险,把事后信息不对称称为逆向选择。本书主要研究在这两种情况下,委托人如何设计一个有效的激励合约的问题。

第三个研究的议题是供应链知识共享的任务空间模型及合约机制设计。除信息外,供应链知识共享的任务性质是影响知识共享行为的又一重要因素。在研究供应链知识共享活动的基础上,研究了供应链知识共享任务的性质,指出供应链知识共享任务具有集合性、作用力性、互补性和替代性,并得出在活动空间如何寻找最优任务组合的原则。就合约设计而言,供应链成员企业在知识共享过程中呈现出多任务委托代理关系,且其任务之间具有可替代性、部分业绩不可量化等特点。通过构建供应链知识共享多任务委托代理模型,研究了不同任务组合下供应链知识共享的最优合约设计,讨论了贴现率、任务之间的可替代性系数等对激励合约的影响,得出了参数变化与合约选择的对应区间。

第四个研究议题是供应链知识共享偏好空间模型及道德市场机制设计。传统的经济研究假设人是自私的,随着行为经济学、实验经济学的兴起和研究的深入,已经证实了在经济活动中人除了自私偏好,还存在公平等非自利偏好,而且这些偏好影响人的行为与决策。对供应链知识共享中偏好问题的研究,不但弥补了目前供应链知识共享研究的空白,而且能够提供对供应链知识共享问题的深邃洞见。通过构建供应链知识共享的偏好空间模型,能够更好地解释供应链中的诸多行为,并且通过模型分析,得出了偏好对供应链知识共享的具体影响结果,并构建了道德市场作为供应链知识共享的一种有效治理机制。

本书研究内容的逻辑结构如图 1.3 所示。

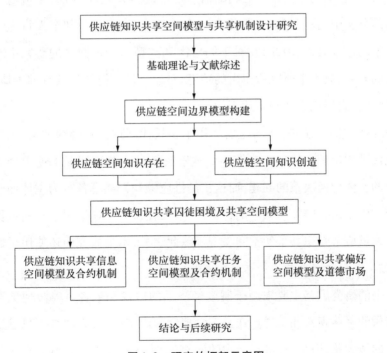

图 1.3 研究的框架示意图

二、研究方法和思路

本书主要采用经济学的研究方法,同时借鉴该领域的最新研究成果,特别是借鉴了实验经济学对偏好研究的部分成果。采用经济学的方法,主要原因是笔者认为在众多用于解释人类行为的理论中,经济学的解释力更强,更重要的也许是经济学的方法更能够得出具有管理学价值的启发和建议。经济学分析方法,就是在经济个体具有完全经济理性的假设下,通过模型化的手段推测经济个体行为的极端复杂的后果的一套分析范式(董志强,2006)。在现代经济学中,关于个体行为方式的模型化推导有三个非常重要而且也在绝大多数时候符合现实的假设:①个体是自利的;②需要订立合约的不同个体之间的行为是互动的;③订立合约的不同个体之间的信息常常是不对称的。在对供应链知识共享行为的分析中,我们把组织看作有生命的个体,组织行为和个人行为一样符合经济学的基本假设,因此,在对不同层次和类型的知识共享的研究中忽视参与主体的差异,故本书研究所得出的结论,对参与供应链知识共享的主体而言,无论是个人、组织或企业都是适用的。

在经济学的方法中,本书主要运用了委托代理理论和合约理论,主要是因为委托代理理论和合约理论能够很好地解决信息不对称情况下追求个人利益最大化的主体如何决策的问题,而这正是供应链知识共享各行为主体面临的必然选择。由于供应链知识共享的特殊性,本书在研究中还运用了空间理论的方法来构建供应链知识共享的空间模型。除此之外,本书研究中还使用了数字分析、典型个案分析等方法。

本书的研究思路主要来源于制度经济学的启发和笔者对经济现象及经济行为所做的一些观察和思考。在经济学理性假设基础上,人的行为总是追求自身利益的最大化,但是,经济环境中的人,究竟将选择什么样的行为来实现自身利益的最大化呢? 这一行为在于对制度所做的反应。因此,本书对供应链知识共享的研究,主要在于构建一种新的制度,来打破在原有制度下的困境,以此在实现个人利益最大化的情况下,实现供应链整体利益的最大化。

本书研究所采用的基本技术路线如下:①通过文献阅读把握理论界对供应链知识共享研究的历程和最新的研究成果;②为完成本研究所需要的知识,特别是经济学方面的知识做准备,包括对经济学的基本原理、委托代理理论、合约理论等基础理论的学习;③确定研究的内容和方法,开展具体的研究工作;④构建空间模型,并针对不同的空间模型设计出不同的知识共享机制。以上路线针对每一个专题都是通用的。当然,具体应用时不一定完全按照这些环节来操作,但思路大体与此相同。这样的技术路线对本研究来说是切实可行的。

第四节　研究的特色与创新点

一、研究特色

本书的研究力求体现如下两个特色。

(1)本书从经济学的角度来研究供应链知识共享,并通过严密的逻辑推理得到相关的结论。目前对供应链知识共享的研究是以定性分析和案例研究为主,缺乏定量模型分析。本书采用委托代理理论来对供应链知识共享问题进行研究,使该领域的研究更加规范化。

(2)本书从知识的视角研究供应链及供应链知识共享问题,突破现有基于有形资源观的研究局限。遵从 Drucker(1993)对知识含义的变化划分,把供应链知识共享分为两个阶段:传统供应链和基于知识的供应链阶段,故本书以基于知识的供应链为研究对象,并把供应链知识共享的目的定位为"把知识运用于知识",希望通过这一全新的研究视角,能够让我们重新审视供应链在知识时代的全新含义和作用,并为基于知识的供应链管理提供一个理论基础。

二、主要创新点

根据已有文献与本书的比较,可能存在以下三个方面的创新。

(1)把空间理论引入对供应链知识共享的研究中,提出了"信息-任务-偏好"的供应链知识共享空间模型,而且针对每一维度构建了相应的空间,即针对信息维度、任务维度和偏好维度分别构建了信息空间、任务空间和偏好空间。供应链知识共享空间不是彼此孤立的,不同空间是交叉和重叠的。本书所构建的空间模型,形成了统一的供应链知识共享分析框架。这一框架有着较强的解释力,如利用偏好空间模型可以为供应链合作伙伴的选择提供一个理论上的支撑;在任务空间模型中,能够为供应链流程再造提供理论上的解释。供应链知识共享空间模型有着丰富的内涵,如果将来能够形成供应链知识共享的空间理论,本研究可以视为对这一理论所做的最初尝试和探索。

(2)把委托代理等经济学理论引入供应链知识共享中,通过定量分析得出了在不同空间中的供应链最优激励合约。合约机制主要是用于解决供应链知识共享空间模型中信息维度和任务维度下的激励问题。在信息空间上,研究得出了在存在道德风险情况下的最优支付机制以及在存在逆向选择情况下的最优合约结构。在任务空间上,得出了不同任务组合下最优合约,以及在不同参数约束下最优合约的选择。这些合约是供应链知识共享制度的重要组成部分,为供应链如何激励成员知识共享提供了一个理论上的指导,对供应链知识共享的实践也具有一定的借鉴意义。

(3)构建了供应链知识共享的道德市场机制。本书分析了供应链知识共享过程中道德市场的供求关系,并对供应链知识共享道德市场规范的确立、道德市场的运行机制、道德市场的现实与惩罚机制等主要问题进行了研究,形成了供应链知识共享道德市场的基本架构。在影响人的行为的诸多因素中,道德是一个很重要的因素,就供应链知识共享而言尤为如此,因为在某种程度上,知识问题,就是一个道德问题。供应链知识共享中的道德问题已引起学者们的重视,但把道德纳入机制设计中或把道德本身作为一种机制加以设计,目前的文献还没有对此进行研究。汪丁丁、叶航(2003)在《理性与道德——关于经济学研究边界和广义效用的讨论(一)》一文的最后指出,在经济行为中对理性和道德统一加以考察,"这是一个全新的领域,远远超过了现在经济学的范围和意义"。随着新的经济学研究方法的使用,对人的行为研究,在理性假设条件下把道德因素纳入主流的分析框架中,不但变得可行而且是必需的。因此,笔者相信,把道德纳入供应链知识共享的研究中,并进行内化,是将来研究的一个重点,也是解决供应链知识共享问题的一个有效途径。

第二章

2

相关基础理论与文献综述

本章内容可分为两个较为独立的部分：一是对知识、知识共享及供应链知识共享的文献进行回顾和总结；二是对所涉及和使用的相关基础理论的文献进行梳理和展示。

第一节　知识与知识共享文献综述

一、知识的概念、特征与地位

人类知识的本质已经困扰了哲学家们几千年了，而且到目前为止还没有任何一种赢得普遍接受的统一框架。所以，每一次在组织分析中使用知识这个概念，都必须先解释它的本质（J. C. Spender 为 Max H. Boisot 的著作 *Knowledge Assets* 所做的序言）。但本书的研究重点不是探究知识的本质是什么，而是希望通过对已有知识概念进行必要的梳理，加深我们对知识本质的认识和理解。知识的问题是一个哲学问题。哲学上对知识的探究被称为"认识论"（Epistemology）。西方哲学存在唯理主义（Rationalism）和经验主义（Empiricism）两大认识论学派。唯理主义认为知识可以通过演绎推理而获得，是某种理性的思辨过程，世界存在不需由感觉经验所验证的先验知识（Priori Knowledge），绝对真理由理性推理（基本公理）演绎而来，在此类推理中，数学是最典型的例子。而经验主义则认为透过感觉的经验可以通过归纳得到知识，不存在所谓的先验知识，知识的唯一源泉只能是感觉的经验。实验科学是此类观点的经典例子。

因此，认识论中唯理主义和经验主义这两种主流学派，在关于构成知识的实际源泉是什么，存在尖锐的分歧。另外一种根本性区别是获得知识的方式。唯理主义学派认为知识可以通过诉诸心智构念（Mental Construct），如概念、法则或理论演绎得来。而经验主义学派则争辩可以对个别感觉经验进行归纳而获得知识。

在如何看待知识这一问题上,西方和东方就此有着不同的观点。西方哲学长久以来将认知主体与所认识的事物(客体)截然分离。勒内·笛卡尔(René Descartes)为这种传统奠定了基础。笛卡尔提出主体(the Knower,即认知者)与客体(the known,即被知者)(精神与身体,或者精神与物体)之间的"笛卡尔两分法"。在东方,如在日本人的思维中,人们几乎看不到笛卡尔式唯理主义的东西,在那里存在结合了佛教、儒学和西方主流哲学思想的"日本"式认知方法。Nonaka & Takeuchi(1995)将日本的认知传统概括为三种特征:主客一体、身心如一及自他统一。因此,对日本人来说,终极真实不是存在于永恒不变、无形和抽象的事物之中,而是存在于细腻的转瞬即逝的过程中,存在于恒久流动之中,存在于看得见且具体的事物之中。他们通常视现实为典型道德自我与自然、自我与他人之间的实际互动。这些基本态度与西方的观念截然不同,后者认为个体作为超然的旁观者可以通过思考"我"来探索永恒的真理。

人类知识的本质已经困扰了哲学家们几千年,尽管许多学者给出了自己对知识的定义(关于知识的定义,可以参看林东清等人(2005)的归纳和总结),但还没有任何一种赢得普遍接受的统一框架。正如伯特兰·罗素(Bertrand Russell,1948)在其著作《人类的知识》所做出的结论一样"人类的全部知识都是不确定性的、不准确的和片面性的",故要想得到一个关于知识本质的答案,给出一个知识的确定含义也许是一种徒劳。所以,每一次在组织分析中使用知识这个概念,都必须先解释它的本质。这是不折不扣的哲学问题,或者更准确地说,是让现今许多的组织和管理理论家们不安的纯粹的认识论问题。但是,近年实践者取向的文献所体现的发展趋势提醒我们,管理者们对于这些看似深奥的问题既有兴趣,又能牢牢加以把握(Boisot,1998)。

由于知识没有统一的概念,而且知识又是"不确定性的、不准确的和片面性的",因此,在具有经济学和管理学意义的领域,人们在认识和研究知识的时候,常常是将知识与其相关的概念,如信息、数据等做比较,从比较中来认识知识,从比较中来得出知识的含义。

在实践中,知识、信息和数据等这几个术语经常被混淆。Boisot(1998)认为,知识是建立在从数据中提取的信息的基础上的。数据是在不同的物理状态之间所做出的区分——黑白、轻重等,它们也许向行为主体传达了信息,也许没有传达信息。其传达信息与否,取决于行为主体先前的知识储备。例如,对于一个在卡拉哈里地区(Kalahari)的丛林中生活的昆族布须曼人(Kung Bushman)来说,由交通信号灯的红灯、黄灯和绿灯所显示的自然状态,也许就不如土壤上表明附近存在狮子的某些印记可以提供更多的信息。因此,数据的特征可以被概括为事物的一种属性,而知识则是行为主体的一种属性,知识预先决定了行为主体的特定条件的行为方式。在驻留于事物中的数据里,信息是激活行为主体的那个数据子集——它是由行为主体的感性或理性工具从数据中过滤出来的,如图2.1所示。实际上,信息在事物与行为主体之间建立了一种联系,可以把知识的概念确定为行为主体所掌握的一组概率分布,行为主体用它来指导自己的行动。与信息相比,知识无法被直接观察到。知识的存在只能从行为主体的行动中加以推断。

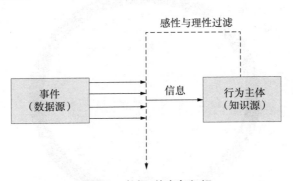

图2.1　数据、信息与知识

(数据来源:BOISOT M H. Knowledge assets: securing competitive advantage in the information economy[M]. New York: Oxford University Press, 1998:15.)

Nonaka & Takeuchi(1995)比较了知识与信息之间的相似处与不同处,认为在以下三个方面比较清晰明了。第一,与信息不同,知识与信念、承诺有着密切的关联。知识所反映的是一种特定的立场、视角或意图。第二,与信息不同,知识是关于行动的概念,知识总是"为了某种目的"而存在的。第三,知识与信息均和含义有关。知识具有依照特定情境而定的特征,而且显示有关联的属性。

关于知识,Plato 给出的定义是"经过验证的真实信念",这一定义被大多数西方哲学家所接受。这一定义体现了西方传统认识论重视以"真实"作为知识的基本属性,强调知识是关于绝对的、静止的、独立于个人的侧面。Nonaka 在其研究中采用了 Plato 对知识的定义,认为知识是验证个人信念接近于"真实"的人际动态过程。但这一定义与 Plato 的传统定义也存在不同之处,其差异在于西方传统认识论重视以"真实"作为知识的基本属性,而 Nonaka 的定义更强调知识的实质是"经过验证的信念"。

Allee(1997)在《知识的进化》中构建了一个"知识原型",这个理论框架由一系列同心圆构成。这些同心圆表示每一水平都嵌入更大的领域中,都比前面更大、更包容,它使我们将知识综合起来。在这个理论框架中,知识的各个方面都相互依赖,如图 2.2 所示。

数据
信息
知识
含义
原理
智慧联合体

图 2.2　知识原型

(资料来源:ALLEE V. The knowledge evolution[M]. Oxford:Butterworth-Heinemann,
1997:113.)

Miller & Morris(1999)把知识定义为信息、经验和理论的一个交集(Intersection),并把知识的概念扩展到智慧。智慧被认为是成功地被运用的知识,而且通常是隐性知识。其概论模型如图 2.3 所示。

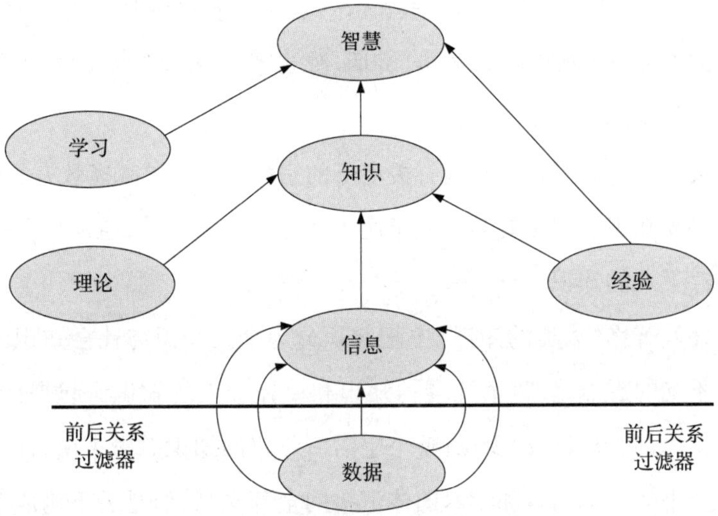

图 2.3　知识：信息、经验和理论的来源

除比较外，分类是人类认识事物的另一种重要方法。由于"知识"具有不止一种意义，人们无法用一个定义来描述它，并把它与其他事物划清界限（Fritz Machlup，1973），因此，在对知识进行研究的过程中，学者们往往从自己研究的需要出发，对知识进行分类，当然在分类过程中也常常进行比较。

Polanyi（1966）认为，"我们所知道的比能够说出来的多"，他把知识分为隐性知识（Tacit Knowledge）和显性知识（Explicit Knowledge）。隐性知识是指与特定情境相关的个人知识，它难以形式化，也难以进行交流。显性知识也就是那些用形式、系统的语言表达，可以进行传递的知识。

Fritz Machlup（1973）以认知对象对"认知者"的意义作为标准，把知识分为以下五种类型。

①实用知识。实用知识是指对认知者在工作、决策和行动中有用的知识。

②理性知识。理性知识用于满足认知者理智的好奇心，被认为是普通教育人文主义、科学学习和人文修养的一部分，一般要通过对悬而未决的问题和有文化价值的对象集中注意力学习来获得。

③闲谈和消遣性知识。闲谈和消遣性知识是指用来满足认知者不属于理性方面的好奇心,或只是满足其娱乐和情感激励需求的知识,包括闲谈、有关犯罪和事故的新闻、轻松的小说、故事、笑话、游戏等,一般是"紧张的"工作之后在放松和休闲的状态下获得的知识。

④心灵知识。心灵知识是指有关上帝的宗教信仰和灵魂拯救方面的知识。

⑤非必要知识。非必要知识是指属于认知者兴趣之外,通常是偶然得知而无意中保存下来的知识。

罗素在其著作《人类的知识》中把知识分为个人知识与社会知识。罗素的一个与众不同的观点是,整个社会的知识和单独个人的知识比起来,一方面可以说多,另一方面也可以说少:就整个生活所收集的知识总量来说,社会的知识包括百科全书的全部内容和学术团体汇报的全部文献,但是关于构成个人生活的特殊色调和纹理的那些温暖而亲切的事物,它却一无所知(Bertrand Russell,1948)。笔者的理解是,罗素认为个人知识比社会知识多,这里意在强调个人有许多不能够言传的、不能够或难以为组织共享的知识存在。

在管理学上,常常把知识分为个人知识和组织知识。企业或组织知识是一个非常重要的概念,企业知识一般来说包含了个人、群体和组织以及跨组织的经验、价值、信息和专家意见的一个混合体(Small & Sage,2005)。关于组织知识的来源,学者们的看法基本是一致的,即组织知识来源于个体,如 Small & Sage(2005)以及 Nonaka & Takeuchi(1995)都持这样的观点。从严格意义上讲,唯有个体才能够创造知识,没有个体的组织是无法创造知识的(Nonaka & Takeuchi,1995)。但组织在知识创造中的作用是什么? Nonaka & Takeuchi(1995)认为,组织的功能是对富有创造性的个体提供支持,或为个体创造知识的活动提供有关情境。因此,组织上的知识创造应该理解为:在组织上"放大"由个体所创造的知识,并将其"结晶"为组织知识网络的一部分的过程。这个过程发生在逐渐扩大的"相互作用的社区"之内,这种相互作用可以越过组织、组织之间的边界。这一组织和个体在知识创造中的作用关系,可以引入本书对供应链知识共享的研究中：在知识共享中，供应链可以视为一个组织，单个企业（包括企业中的单个个体或群体）当成组织中的"个人"，供应链强调的是基于供应链的知识共享（尽管供应链本身并不创造知识），而不仅仅是强调单个企业的知识共享，其原因在于利用供应链（组织）可以起到对知识的"放大"作用。

Drucke（1993）还对新知识进行了分类，他把新知识分为三种：第一种是工序、产品和服务的不断改进——日本人做得最好，他们称为改善；第二种是开发，不断开发已有知识以发展不同的新产品、新工序和新服务；第三种是真正的创新。Drucke 强调，这三种用知识改变经济（和社会）的方式，需要同时在一起运作。

二、知识共享的研究现状

"知识是什么"这一问题一直困扰着人类，而且仍将持续下去。与这个问题同样久远，同样让人类着迷的是知识的共享问题。在历史的长河中，留下了许多人类记录并共享知识的痕迹。如在今天法国东南部一个悬崖下的洞穴岩壁上描绘有豹、狮子、野牛、犀牛和熊等动物的图案。这些图案是大约 3 500 年前，一个游牧狩猎部落的成员所刻绘，当时这些动物不是他们捕猎的对象，而是对他们的安全构成威胁的因素，这些部落成员记录这些动物图案，是希望把他们已有的知识共享给他的同类（Allee，1997）。很明显，在人类文明的启蒙时期，这些艺术家有意地将有价值的经验性知识传递给他们的部落和后代。今天，知识共享已经成为人类社会行为的一个自然的组成部分。

人类为何要共享知识或知识共享呢？这个问题就如探索知识的本质一样难以有一个让人信服的答案。我们这里可以感性地为这个问题做一个回答：人类共享知识是为了人类本身的生存或存在。就如 3 500 年前的游牧狩猎成员在岩壁上描绘出动物图案，可能是为了告诉其同伴，以后遇到这些形状的动物要避开或逃离，否则就会有危险。如果不把这样的知识传播和共享给他的同伴，那么他的同伴就会因为没有掌握这一知识而受到不必要的伤害，而共享知识就可以避免和减少类似事情的发生。

还有必要对这个问题进一步做一个回答,虽然这个问题的答案是显而易见的,那就是为什么当把遇到狮子会有危险的知识共享给同伴后会减少伤害呢?那是因为,当同伴知道这一知识——遇到狮子会有危险后,他们遇到狮子时就会逃跑或避开。这里体现了知识的一个很重要的属性,就是知识能够帮助人们做决策(比如见到狮子就逃避或逃跑等),或者说知识共享能够影响人的行为。

但是我们能够看到和感知的在知识共享的另一面,是广泛存在着人类不共享知识的事实,这种行为就如人类共享知识一样可以追溯到远古时代。我们身边已发生或正在发生的事实可以为此提供最好的佐证,这些事情大到国家,小到个人,概不例外。

在逻辑上,比知识影响人的决策和知识共享影响人的行为更靠前、更根本的是"人的行为将影响知识共享"。正如从笔者目前查阅的文献来看,虽然人们对知识共享的许多问题做了研究,如果对这些研究做仔细的考察,其核心还是围绕"行为"来开展的。下面对知识共享的相关文献做一个梳理,基本上按照如下顺序来进行:知识共享的必要性和重要性,知识共享(知识不共享)的原因,以及围绕行为开展的相关研究等。

知识共享,是指组织的员工或内外部团队在组织内部或跨组织之间,彼此通过各种渠道进行交换和讨论知识,其目的在于通过知识的交流,扩大知识的利用价值并产生知识的效应(林东清,2005)。知识共享对组织的重要性,是这一领域难得取得的一致认同。由于组织无法创造知识,从严格意义上讲,唯有个体才能够创造知识。因此,对企业而言,员工大脑里面的知识如果不被共享就很难产生价值(Small & Sage, 2005)。林东清(2005)在对这一问题进行研究时指出,知识共享与知识转移是组织知识管理议题中最重要,也是最困难的一个。组织内的个人知识必须通过共享才能够外化并产生效应,通过转移才能够传递给所需要的员工有效地执行,即适时、适地地将正确的知识传递给正确的人。林东清(2005)把知识共享的原因归为三个方面:知识的本质、组织的绩效和外部环境的需要。

从知识的本质上看,有以下四个原因:第一,知识与一般资产不同,越共享越能够发挥价值;第二,知识共享能够产生效应,不同知识的交流会碰撞出新知识,异质性(Heterogeneity)越高的知识越可能开创出新知识;第三,知识的共享会让其绩效呈现指数增长;第四,通过知识共享可以将个人知识外化为组织知识。

从组织绩效来看,有两个方面的原因:其一,知识不共享会造成重复开发的浪费;其二,知识不共享会造成重蹈覆辙的损失成本。

从外部环境的需要来看,也有两个原因:一是跨国产业全球化组织的形成;二是网络组织、专业分工团队的形成。

Allee(1997)认为,人们共享知识的原因还在于,不同时代,知识的含义发生了变化,导致知识与力量的方程式发生变化。信息时代之前的旧方程式是"知识=力量——所以保存它";而新的知识方程式是"知识=能力——所以共享它并使它倍增",Allee认为这是新的知识社会的经济实现方式。旧的方程式产生的根源在于资本主义"所有权"的概念。在资本家看来,谁掌握的知识更多,谁就能够获取更大的经济收益,从而拥有更强的力量,所以那个时代人们关注的是如何获取知识、控制知识。知识总是不断地变化的,知识的有效期变短并且容易被废弃,在一个组织内,新知识不是由个人创造的,而是在整个企业范围内通过团队或群体共享知识与专长来产生的。

关于组织为什么共享知识,Allee如下的论述给予了足够的说明。

"无论我们的观点如何,知识已经发生了变革。系统势不可挡地朝着大而复杂的方向发展,同时不断寻找新的连接。知识需要变革,知识必将发生变革。"

"知识演化到成熟阶段后,我们将看到,即使知识也不能够使我们安全。真正的安全依靠我们的辨别力和我们所遵照的那些维持、滋润我们生命、健康、幸福的永恒的原则。伦理价值观和原则是企业组织的真正思想精髓。只有人与人之间、人与环境之间自由地交换信息，我们才能够适应环境、响应环境，与我们的环境共同进步。"

在对供应链知识共享的研究中，学者们直接或间接地把行为作为知识共享研究的落脚点。

Ives et al. 把知识共享视为一种人类行为，并且要按照人类行为绩效的内容来考察知识共享，他描述人类绩效模型包括业务内容、组织和个人因素，并且认为知识共享由这些因素相互作用，共同影响知识共享成功与否。他列出了10个影响知识共享行为的因素。

（1）业务内容。当行为和企业目标相联系时，人们更愿意共享知识。作者强调与雇员沟通企业的战略是非常必要的。

（2）组织结构和角色。通过两部分组织结构方式鼓励知识共享：①拥有知识加工、模板和技术的专注知识管理的员工；②拥有自己知识内容的企业单元的知识赞助商和系统整合商。

（3）组织过程。知识的组织过程需要建立日常的工作过程以及很好的知识收集过程。知识的组织过程应该依靠知识的类型和层次。

（4）组织文化。除了强调组织文化对知识共享行为的重要性，这里作者还强调理解个体知识工作者文化差异的重要性。

（5）物理环境。许多组织开始认识到创建有利于知识共享的环境是非常必要的。

（6）指导。对许多组织而言，知识是一种新的行为方式，因此，为增加价值对知识共享行为进行引导是必要的。

（7）测量。当基于知识的组织开始认识到一个组织最大的资源包含了他的人时，人力资本绩效测量就变得越来越重要。

（8）方式。没有信息技术（IT）有效的知识共享很难使现有的知识得以实施（例如：E-mail、Internet 技术等）。

（9）能力。就一个公司内部的知识共享行为而言，支持和培训是非常必要的。

（10）激励。就知识共享而言，这里存在个体和文化的差异，这些差异驱使人们知识共享行为。作者认为知识共享最好是被内在报酬激励，如果是采用外在报酬激励必须仔细选择激励方式，因为在一个组织里面是一种激励，而在另外一个组织里面则可能是一种障碍。

这些因素与知识共享行为密切相关。知识共享行为是这些因素的共同作用的结果，作者所列出的这些因素，也是知识共享所需要进一步研究的主要内容。

Liao et al.（2004）声称企业知识共享和行为因素有着强联系。研究发现，尊重、公平以及与管理者良好的关系是影响企业中员工知识共享态度的主要方面。研究发现，雇员和公司有着良好的关系能够产生自愿和无条件的知识共享行为；反之，雇员和公司间没有良好的关系，他们将不愿意与同事共享他们的知识和经验。作者的结论是一个组织应该致力于加强雇员关系的管理，因为他们将导致不同的知识共享行为结果。

Connolly & Thorn（1992）和 Angel Cabrera & Elizabeth F. Cabrera（2002）等认为知识共享行为是一个社会两难问题（Social Dilemma）。社会两难问题描述了一种矛盾的情境，即个人理性与集体理性的矛盾——当个人追求其自身利益最大化时却导致集体的非理性（Kollock，1998）。在他们的研究中，借用社会心理学的方法研究人类在知识共享中的合作行为，指出知识共享中的合作行为与其他社会合作行为并无两样。本书的研究是基于 Angel Cabrera & Elizabeth F. Cabrera（2002）的研究成果。

Lee & Ahn（2007）研究了一个企业的报酬系统对企业人员的行为的影响。他在文章中分别考察了基于个人的报酬系统（Individual-based Reward System）和基于群体的报酬系统（Group-based Reward System）对企业人员参与知识共享行为的影响，并且比较这两种报酬系统的效率问题以及影响报酬系统设计的因素。这是对组织知识共享行为问题进行的模型化、定量化的研究，也代表了对知识共享研究的新方向——由定性的研究转向定量的研究。

知识共享和知识获取已经成为组织成功的重要因素。然而,知识共享不总是一项容易实现的任务,在很多情况下,它是一件说起来容易,但实现起来很难的事情。许多因素影响知识共享,如道德、组织文化等,要在组织中有效开展知识共享,需要对这些因素进行仔细的考察。总之,要进一步解决知识共享中存在的问题,促使组织知识共享的有效开展,还需要理论界和实践界做出更多的努力和探索。

第二节　供应链知识共享文献综述

Hult et al.(2006)认为知识是供应链的战略性资源。如何管理供应链中的知识,实现知识的有效共享已经为中外学者广泛关注(Dyer & Nobeoka, 2000;陈菊红,王能民,杨彤, 2002;Bandyopadhyay & Pathak, 2007;张玉蓉,张旭梅, 2006)。现有的文献对供应链知识管理及共享的研究主要集中在如下三个方面。

一、对供应链如何解决知识共享过程中的囚徒困境做了研究

根据 Connolly & Thorn(1990)的研究,知识共享是社会两难的一个特殊例子。社会两难描述了一种矛盾的情况,即个人理性——个人追求个人利益的最大化,导致集体的非理性(Kollock, 1998)。就供应链知识共享而言存在大量的这样两难困境。Dyer & Hatch(2004)指出这些困境包括:①怎样激励自私的成员参与网络中以及对其他成员开放自己有价值的知识(Wood & Gray, 1991);②怎样克服成员知识共享过程中的"集体行动"或"搭便车"问题;③怎样使共享成员之间转移效率最大化等。Dyer & Hatch(2004)通过对丰田的研究,说明丰田如何克服其知识共享中的困境。针对以上三个问题,丰田提出了三个方法

分别对应三个困境：一是通过网络层次知识共享程序建立网络认同感，为此丰田建立了供应商联系协会、咨询团队以及建立自愿学习团队来实现；二是建立知识保护和价值占用规则，以此来阻止成员隐藏有价值的知识和搭便车行为的发生；三是建立多重知识共享过程和次级网络组织，以此来解决知识转移过程中的效率问题。

二、对供应链知识共享绩效问题的研究

战略研究要回答的一个问题是为什么公司之间的绩效有差异。Porter（1990）、Wernerfelt（1984）、Barney（1991）等从他们各自的研究角度做了回答。学者的观点是公司的绩效可能被其相互联系的公司或战略网络影响（Dyer & Singh，1998；Gulati，1999）。Gulati（1999）认为，公司的"网络资源是有价值的信息"。相似地，Dyer & Singh（1998）认为，公司间的知识共享作为四个可能的超额利润来源之一，这种利润不能够由一个孤立地产生。Dyer & Hatch（2006）跟随 Gulati（1999）认为，网络资源是"从网络获取的有价值的知识"。

Dyer & Hatch（2006）通过比较丰田、通用、福特和克莱斯勒的供应网络，来说明知识共享如何给企业带来更高的绩效。在文献中要回答一个问题：一个公司当它使用同样的供应网络，购买同样的配件，能否获得比它的竞争者更多的竞争优势？在文献中，丰田、通用、福特和克莱斯勒使用同样的供应网络，按照传统的经济学理论如果能够从供应链网络中拥有更强的要价能力，获得更低的零配件价格才能获得更高的竞争优势，因此相比较而言，美国公司应该获得比丰田更强的竞争力。恰恰相反，丰田取得了比竞争者强的竞争优势。Dyer & Singh（1998）指出，一个可能的原因是丰田通过和那些供应商共享它的知识，从而在同样的网络中创造出竞争优势，以此改善了联合绩效。在这篇文献中同时回答了为什么供应链网络不能够把从丰田获得的知识，转移给其他的购买者，以此提高他们的竞争力。研究指出，把从一个购买者那里获得的知识转移给其竞争者存在很多的障碍。

Hult、Ketchen & Slater(2004)研究了知识形成过程对供应链时间周期(Cycle Time)的影响,如图 2.4 所示。当前企业面临的环境特征是基于时间的竞争,越来越没有耐心的消费者支持那些能快速传递产品质量和服务的公司。因此较快的时间周期有利于增加市场份额以及降低日常开支和库存成本,以至于 Handfield & Nichols(2002)总结说时间周期直接影响着利润。

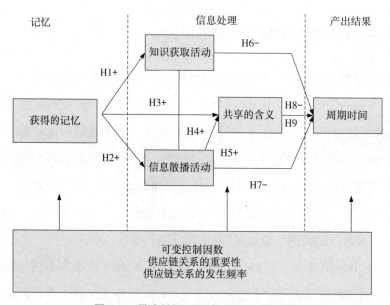

图 2.4 供应链知识形成过程与时间周期

[资料来源:HULT G T M, KETCHEN D J, SLATER S F. Information processing, knowledge development, and strategic supply chain performance[J]. Academy of Management Journal, 2004,47(2):241-253.]

知识共享对供应链绩效的影响不仅仅由知识的形成过程产生。Hult、Ketchen & Arrfelt 构建了一个模型,在 Hult、Ketchen & Slater(2004)的基础上,通过使用201 个公司作为样本去研究文化竞争力(Culture of Competitiveness)和知识形成(Knowledge Development)对供应链绩效的影响。其在研究知识的形成中使用了 Hult、Ketchen & Slater(2004)的四个维度:知识的获取、信息分配、共享方式及获得的记忆。

三、 运用学习能力理论来研究供应链知识共享

随着当今管理学界对组织学习研究领域的关注,供应链中的知识学习问题逐渐成为国外学者比较关注的问题之一。供应链中的知识学习就是两个或两个以上的供应链节点企业组织共同参与的知识学习活动,是企业间的学习。Peter & Love(2002)把组织学习理论运用到供应链知识管理中,提出组织间的学习促进供应链合作伙伴关系的发展,同时供应链合作伙伴关系有利于组织间学习的开展,两者相互影响、相互促进,提高供应链整体的知识容量和竞争力。他还研究了怎样在供应链成员间创造共同学习的环境,并且认为基于合作的联盟能使双方产生信任和承诺,有利于供应链企业建立长期稳定的合作关系。

Spekman et al. (2002)认为供应链企业的学习能力将最终决定企业的成败,提出了"学习链"这一概念。他指出"学习链"是由供应链各节点企业组成的非线性学习网络,网络中各企业进行的是合作性学习,通过向伙伴学习和同伙伴一起学习的方式获得知识。"学习链"具有与学习型组织相同的特征,在学习链中供应链企业用一种独特的方式共享知识以使其产生协同价值,产生于"学习链"这种非线性关系网中的竞争优势是很难被模仿的。他通过实证研究分析表明,知识学习对与客户满意度有关的供应链绩效有正的影响,但是知识学习同与成本有关的供应链绩效无明显联系。Collins et al. (2002)研究了供应链企业间的知识学习行为,认为供应链中的知识流与物流和资金流不同,不仅仅在相邻节点企业间流动,企业间通过联合学习可以创造出比单个企业分别学习所创造价值之和还要多的价值。他还指出当供应链中企业通过共同学习创造价值时,存在一个价值点,这个价值点就是供应链企业共同学习的特点。

Hult et al. (2003)选取了财富500强中一个物流运输企业所处的供应链作为研究对象,提出了一个供应链中组织学习的模型,假设有四种因素影响供应链中的知识学习,分别是团队、系统、学习和记忆定位。四个指标下面分别又有

四五个指标。研究结果表明,组织学习对供应链的管理绩效有正的影响。Bessant et al. (2003)通过调查英国6个不同行业进行供应链学习的不同现状,提出组织间学习是共享知识和传播实践经验的有效机制。

第三节　相关基础理论文献综述

一、基于知识的企业理论

Drucker(1993)在比较资本主义两个100年的巨大差异的原因时指出,"只能解释为将知识运用于工作的结果";而从查尔斯·巴贝奇(Charles Babbage)提出分析机的设想到如今计算技术取得的惊人发展,最简单而又最广泛地被大家接受的解释是,他们反映了把不断扩展的知识,连续、系统而集中地应用于其范围不断增大的物质过程之中(Boisot,1998)。的确,建立在以牛顿学说为基础的传统理论,很难对知识经济时代的很多现象做出合理的解释。新的时代,需要有新的理论去解释和理解它,而新的理论与原有的理论相比必然有更强的解释力,基于知识的企业理论正是在这样的条件下形成和发展的一种企业理论。

企业理论是关于企业的认识论,要回答诸如企业的本质是什么、因何而存在等基本问题。基于知识的理论集中关注最大化企业的知识生产、存储和应用过程,其假定企业是把知识转变成利润的一种机制。传统的理论与基于知识的理论的根本差异在于它们在如何对待知识。古典和新古典经济学家决定把知识和信息当作他们系统的参数而不是系统内部的变量(Boisot,1998)。而基于知识的企业理论,知识在资源分配中从外生的独立变量地位"提升"到取决于投入的一种内生变量地位(Machlup,1973)。如Machlup指出这并不是一种新颖的想法,亚当·斯密(Adam Smith)早在1776年就写道"以更多劳动和时间的代价受过教育的人……可以比作昂贵的机器"。但遗憾的是传统的企业理论对此却视而不见。Boisot(1998)进而指出他们忽视知识和信息,可以"使他们得以集中精力研究经济过程的能量维度"。而当社会进入知识的社会,理论必须演化,知识必然成为理论关注的核心,否则理论就将"死亡"。

一个理论的形成除了是时代发展的需要外,还需要一批致力于此理论研究的学者。因为任何理论必然是人类知识向前推进的结果,是人类智慧的结晶和体现。基于知识的企业理论之所以能够成为"理论",与学者们的长期研究密不可分。

Grant(1996)认为企业的本质是整合知识。企业的存在在于企业在共享和转移个人和组织知识方面比市场更有优势,而不仅仅是为了降低交易费用而存在(Kogut & Zander, 1992;1996)。传统的理论把知识仅仅当成是存在于个人的大脑里面的东西,组织的主要角色是运用知识,而基于知识的企业理论则强调创造知识(Grant, 1996)。

总之,正在形成的基于知识的企业理论,试图去考虑知识本质以及知识在企业中的角色,解释企业存在的理由、企业的边界问题、组织能力的本质、决策权力的分配和战略联盟的决定因素。

如今,基于知识的企业理论已经形成自己相对完整的理论体系。Grant(1997)对该理论的目前发展状况做了较为全面的总结。

第一,关于该理论的基础假设。基于知识的观点是由一系列假设构成的,这些假设涉及知识的特征、知识创造及运用的环境。包括以下四个方面:①知识是一种处于支配地位的资源;②不同类型的知识能够相互转化;③个人是知识的主要创造者;④大多数知识具有规模经济和范围经济。

第二,该理论对公司的角色的定位。该理论认为公司是一种制度,它的存在是为了解决这样一种两难问题:它允许个人专业化,同时建立一种机制去整合各个分散的知识。

第三,关于整合的机制。该理论认为个人知识可以通过不同的机制去整合,最主要包括以下四种:转移、指导、程序和常规。

基于知识的观点带来了科学管理自 20 世纪初以来最深刻的管理思想的变化(Grant, 1997)。它带给我们一个崭新的视角去看待企业及其他社会组织。本书对供应链知识共享问题的研究是基于同样的视角去看待在供应链管理领域正在发生或已经发生的变化,基于知识的企业理论研究的是一个基础性理论,本研究提出的基于知识的供应链管理或称为理论可以看成是基于知识的企业理论的实践,又是对该理论的丰富和完善。

二、委托—代理理论

委托—代理理论(the Principal-agent Theory)是过去 30 年中契约理论最重要的发展。这一理论的创始人包括威尔森(Wilson, 1969)、斯宾塞和泽克海森(Spence & Zeckhauser, 1971)、罗斯(Ross, 1973)、莫里斯(Mirrlees, 1974; 1976; 1999)等。委托—代理的所有结论都来源于正式的模型,同时,它的主要发展又受到理论预测合约和可观察到的合约之间差异的促进。这一理论大大改进了经济学家对资本家、管理者、工人之间内在关系以及更一般的市场交易关系的理解。

委托—代理关系起源于"专业化"(Specialization)。当"专业化"存在时,就可能出现一种关系,在这种关系中,代理人由于相对优势而代表委托人行动(Hart & Holmstrom, 1987)。现代意义的委托—代理最早由 Ross(1973)提出:"如果当事人双方,其中代理人一方代表委托人一方的利益行使某些决策权,则代理关系就随之产生了。"但在委托—代理的关系当中,由于委托人与代理人的效用函数不一样,委托人追求的是自己的财富更大化,而代理人追求自己的工资津贴收入、奢侈消费和闲暇时间最大化,这必然导致两者的利益冲突。在没有有效的制度安排下,代理人的行为很可能最终损害委托人的利益。而世界(不管是经济领域还是社会领域)普遍存在委托—代理关系。

近 30 多年来,委托—代理理论的模型方法发展迅速,主要有三种:第一种是由威尔逊(Wilson, 1969)、斯宾塞和泽克豪森(Spence & Zeckhauser, 1971)以及罗斯（Ross，1973）最初使用的"状态空间模型化方法"（Statespace Formulation）。其主要的优点是每种技术关系都很自然地表现出来。但是，此方法让我们无法得到经济上有信息的解（Informative Solution）。第二种是由莫里斯（Mirrlees，1974；1976）最初使用，霍姆斯特姆（Holmstrom，1979）进一步发展的"分布函数的参数化方法"（Parameterized Distribution Formulation），这种方法可以说已成为标准化方法。第三种模型化方法是"一般分布方法"（General Distribution Formulation），这种方法最抽象，它虽然对代理人的行动及发生的成本没有很清晰的解释，但是，它让我们得到非常简练的一般化模型。

委托—代理理论一个重要的发展是由单任务委托—代理向多任务委托—代理发展（吕鹏，陈小悦，2004；胡涛，查元桑，2002）。

传统的委托—代理模型（Holmstrom，1979）研究了代理人代表委托人从事单一的无法观察的行动时，委托人如何设计最优契约来降低道德风险的问题，其主要着眼点是风险分担和激励之间的权衡关系，而且已经被广泛用于各个不同的领域。但传统的委托—代理模型过于理想化、简单化，它只考虑了单个委托人的情况以及代理人也只从事一种活动的情况，因此传统模型的结论不仅有限，而且与现实不太相符。传统模型还有一个缺陷就是其解释范围太窄，很难用于分析更广泛的经济组织问题。为了解决上述问题，Holmstrom & Milgrom（1991）在线性委托—代理模型的基础上提出了多任务委托—代理模型。

多任务模型拓展了基本模型的一个关键假设，即多任务的模型不再假设代理人只负责一个任务，而是负责多个任务。然后沿用标准的委托—代理技术，对改变关键假设后的模型进行处理。Holmstrom & Milgrom（1991）从该模型得到的主要结论有：①在多任务委托—代理关系中，激励契约不但能够起到分担风险，激励代理人努力工作的作用，而且可以引导代理人的精力在各个任务之间的分配；②对任一任务的激励强度应随着其他任务度量难度的增加而降低；③提高某一个任务的激励强度，会降低对其他任务的激励；④如果某项任务无法度量，那么最优激励契约是对所有的任务都不提供激励，即付给固定工资。

对多任务模型的发展与应用可以参见吕鹏和陈小悦（2004）等对多任务的文献综述。

从研究方向上来说，委托代理理论可分为实证代理理论和委托人—代理人理论两个不同的研究方向（戴中亮，2004；张跃平，刘荆敏，2003）。

该理论有着两种明显不同的研究方法：一种方法是被称为实证手法的研究，又称为"实证代理理论"，其特点是凭借直觉，侧重于分析签订契约和控制社会因素，其开创者为 Alchian、Demsetz、Jensen 和 Mecking 等。另一种研究方法是规范手法的研究，又叫"委托人—代理人理论"。其特点是使用正式的数学模型，通过阐明各种模型所需的准确的信息假定，来探讨委托人和代理人之间的激励机制和风险分配机制，其开创者是 Wilson、Spence、Ross 和 Hart 等。这两种方法相互补充促进，本质上都致力于发展一种合约理论，旨在使受自我利益驱动的代理人能以委托人的效用目标为准则，使代理人成本最小化。

供应链企业间代理关系的客观存在（林勇，马士华，2000；杨治宇，马士华，2001），使供应链中的合作问题可以通过引入委托—代理理论，寻求激励的影响因素，设计最优的激励机制来实现（徐庆，朱道立，李善良，2007；Li Shanliang & Zhu Daoli，2005）。这也是本研究采取委托代理理论的根本原因和依据。

三、空间理论

人类的一切活动包括经济活动总是在一定的空间展开的。然而，很遗憾的是，长期以来"空间"这个维度没有受到经济学家们足够的重视，主流经济学一直把空间问题排斥在外。以至于四十多年前，艾萨德（Isard W）就抨击经济学分析是"在一个没有空间维度的空中楼阁中"进行的（梁琦，刘厚俊，2002）。之所以忽略空间问题，并不是经济学家们不知其重要性，而只是因为空间很难模型化。后来由 Dixit & Stiglitz 在 1978 年的经典论文《垄断竞争和最优的产品多样性》（*Monopolistic Competition and Optimum Product Diversity*）中建立了 D-S 模型，进一步发展了张伯伦的垄断竞争理论，并以更加明确的形式表示了垄断竞争理论,为诸多研究领域建立收益递增模型奠定了基础,由此开创了把空间模型化的先河,以至于以后空间经济学的研究皆以 D-S 模型为基础。在此需要强调的是空间经济学的理论基础是规模收益递增,这与传统的新古典经济假定规模收益不变或规模收益递减不同。

之后,克鲁格曼(Krugman)通过了一系列经典著作,如 *Space,the Final Frontier?*（2003）, *Increasing Returns and Economic Geography*（1991）, *Scale Economies, Product Differentiation and the Pattern of Trade*(1980)等奠定了空间经济学在主流经济学中的地位。在空间经济学的发展历程中,1999 年,Fujita M、Krugman P、Venables A J 三位空间经济学的开创者的著作 *The Spatial Economy：Cities, Regions and International Trade* 出版后,使空间经济学为更多人所接受。关于空间经济学的最新研究成果,可以参见 Masahisa Fujita、Tomoya Mori 2005 年的文献 *Frontiers of the New Economic Geography*。

空间经济学研究经济活动的空间差异,它从微观层次探讨了影响企业区位决策的因素,从宏观层次解释了现实中存在的各种经济活动的空间集聚现象。其核心观点如下。

①经济系统内生的循环累积因果关系决定了经济活动的空间差异。宏观的经济活动空间模式是微观层次上的市场接近效应和市场拥挤效应共同作用的结果。追逐市场接近性优势的微观经济的主体的行为产生了聚集力,即价格指数效应和本地市场放大效应,这种前后联系具有循环累积因果特征,它们可以对经济系统的初始冲击进一步放大,从而强化初始的冲击。聚集力的市场拥挤效应所产生的扩散力决定了最终经济活动的空间模式。

②即使不存在外生的非对称冲击因素,经济系统的内生力量也可以促使经济活动的空间差异。聚集力和分散力随贸易成本的下降而减弱,但分散力的减弱速度相对更快。在空间贸易成本较大的情况下,分散力会相对大一些,这时市场拥挤效应占优势,经济系统内存在负反馈机制产业的均衡分布得以稳定。当空间贸易成本下降到某一临界值时,聚集力超过分散力,市场的接近性优势

超过了市场拥挤劣势,均衡分布被打破,现代部门向某一区域集中,随之初始均衡分布结构演变为非均衡分布结构。

③在某些临界状态下经济系统的空间模式可以发生突变。如果产业为均衡分布且贸易自由度很小,则贸易自由度的提高不会影响产业的区位,但贸易自由度变化到某一临界值后,贸易自由度稍微增加,就会发生突发性聚集,因为此时所有产业集中在某一区域是稳定的。这种特征包含的是一种哲学思想,就是量变到质变的过程。随着贸易自由度的提高,可流动要素的流动性逐渐增强,但总要受到某种约束力的制约,这是量变过程。但贸易自由度达到某一临界值,则此时正负反馈作用力相等,如果再提高贸易自由度,则可流动要素迅速向适合于它们的区域转移,这是质变过程。这种经济的量变到质变特征告诉我们,根据传统的线性思维预测政策变动的效应,有时会导致严重的失误。

④空间经济学第二个突出的特征是区位的黏性,也就是"路径依赖"。不知何种缘故,历史上选择了某种产业分布模式或发展路径,那么在较长的历史进程中,各种经济活动已经适应这种模式或路径,紧紧地"粘上"了这种模式或路径,要改变这种模式或路径需支付很大的成本。当黏性很强时,经济系统内生力量是很难改变原有状态的,此时外生冲击,如某种政治事变,人们预期的变动或出台新的区域政策等将起重要作用,但外生冲击的冲击力要大于经济系统内生的约束力,如果出台的政策力度小,那么这种政策是无法改变原有的状态的。再者,正因为这种黏性存在,任何区域的经济在短期内相对稳定,如果没有这种黏性或量变过程,那么任何区域的经济都是瞬息万变的,任何经济政策都没有意义。

⑤人们预期的变化对经济路径产生极其深刻的影响。空间经济学告诉我们,当区际贸易自由度取某一特定区间值时,经济活动的空间模式存在多个长期稳定均衡,进而出现不同产业分布模式相互叠加的情况。当出现这种叠加区时,如何选择发展路径主要取决于人们预期的变动,此时人们将根据变化后的预期,任意选择不同的产业分布模式或发展路径。这种选择的主要依据为有效

性原则,即每个个体都认为大多数人选择的某种经济模式是有效的,在此每个个体也选择大多数人选择的经济模式。这样,人们预期的变化将把原有的经济系统推向另一种经济系统。

⑥产业聚集带来聚集租金。当出现产业聚集区时,可流动要素将选择这种聚集区,因为在聚集区可以得到集聚租金。这种聚集租金可以由工人所遭受的损失来度量,也就是当产业完全聚集稳定均衡时,工人从聚集区转移到边缘区时遭受的损失。聚集租金是贸易自由度的凹函数,当贸易自由度处于某一特定区间时,聚集租金大于零,贸易自由度取某一特定值时,聚集租金最大,而后随自由度的提高,聚集租金下降,显示为驼峰状。聚集租金的政策含义很明确,即当产业聚集在某一区域是稳定均衡时,经济政策的边际变动不会带来经济状况的变化。

近年来,空间经济理论的发展主要表现在以下四个方面(梁琦,刘厚俊,2002):第一,空间经济理论强调历史和偶然事件在经济活动的区位决定方面的重要作用。这使传统的比较优势退位,一些产业在某个地区的形成并不是由于该地区的要素禀赋优势所致。第二,在初始禀赋条件相类似的地方之间,经济活动的分布却是不均衡的,空间经济理论认为这是由于积累循环因果关系和路径依赖所导致的。积累循环因果关系可以说明区域经济的演化。市场潜力是积累循环因果关系中的重要组成部分。特别地,成功企业进入某个地方,将会使这个地区对其他企业更富有吸引力。第三,空间经济理论试图证明规模报酬、关联效应和贸易成本对维持空间秩序和层次结构的作用。没有规模报酬就没有集聚,没有城市。这些因素的相互作用可解释多城市结构和区域专业化的演进。第四,上面的这些思想均用数学模型表述,这与艾萨德等人的没有考虑规模经济和不完全竞争的模型不同,能满足主流经济学对严谨和形式的要求。

空间经济学正成为 21 世纪经济学研究的主体。如今,空间经济学理论已经被广泛运用于各个领域,如宋玉华、吴聃(2006)建立了一个空间经济学模型,完整地研究了关税升级对垄断竞争产业发展的影响;吴颖、蒲勇健(2008)运用空间经济理论对区域过度集聚负外部性的福利影响进行了研究；等等。随着新经济模式的出现，物理空间对经济活动的影响的确已大大降低，经济发展越来越被创造性的思想所左右，但区位对经济的影响是否会变得微不足道，或是空间影响方式是否将彻底转换，仍有待更深入的研究（洪开荣，2002）。关于空间经济学在供应链知识及知识创新领域的研究，我们放在第三章加以论述。

第四节　本章小结

由于研究的种种局限，包括研究时间的限制、研究篇幅的限制，以及获取文献途径的限制等，这里我们不能详尽更多的文献。也许漏掉的一些文献也至关重要，应该成为本书不可或缺的部分，但是，笔者在本章中已力求对相关领域的文献做出一个较为清晰和完整的综述，使其能够支持本书研究立论所需。

3

供应链空间边界模型构建

第一节 引 言

组织边界问题是组织理论或企业理论研究核心问题之一。然而理论界对边界的概念和本质并没有统一的认识,不同学者从不同的研究视角对边界下了不同的定义。Helfat(1997)认为边界是公司拥有资源的界线划分,从而塑造企业的成长轨迹。Santos & Eisenhardt(2005)认为边界确定组织的势力范围,包括对行业控制的程度和对外部环境的控制力量。Coase 认为"有一点必须被达到,那就是说,在企业内增加一项交易的组织成本等于在公开市场上进行这项交易的成本,或等于有另一企业组织这项交易的成本。"这一点便是企业的边界,它也决定了企业的规模。Santos & Eisenhardt(2005)定义组织边界不仅仅作为组织和环境的界线,提出了效率边界、权力边界、能力边界以及身份边界四个基本概念,并且运用这四个概念的含义为组织边界问题提供一个更深入的理解,拓宽了对组织边界的研究议题。

组织边界理论除包含企业有边界理论外,还有学者提出了无边界企业的观点。如李海舰、陈小勇(2011)认为,企业做大包括两个层面:一个是做大规模,体现企业的实体"实力",是企业的有形之大;二是做大网络,体现实体和虚拟相融合的"势力",是企业的无形之大,即企业在有边界的实体上实现无边界发展,是企业高层次上做大。

也有学者提出将多种用于解释企业边界的理论融合,共同解释企业边界问题。崔兵(2011),曾楚宏、王斌(2011)运用交易费用理论和能力理论相融合,发现能力和交易费用在企业边界选择和变动中共同发挥着重要作用,即企业能力理论和交易费用理论共生演化决定了企业边界。

近 30 年来管理思想已经发生了许多变化,也许最深刻的变化是强调获得一种能够为顾客提供更卓越的价值的战略(Martin Christopher, 2005)。Michael Porter(1990)提出了价值链的概念,指出竞争优势不能够再理解为一个公司内部的事情,竞争优势来源于设计、生产、市场、传递等活动。而供应链正是这样一条能够为顾客创造价值的价值链。Martin Christopher（2005）认为供应链是一个联系上下游之间的网络组织,它涉及各种不同的过程和活动,这些过程和活动能够创造产品和服务价值,并且把创造的价值传递到消费者手中。

在供应链理论发展过程中,就供应链为什么要存在这一问题,在理论研究和管理实践上都已经取得了相应的成果和成绩,但就供应链边界问题研究不多。现有对企业边界这一问题的研究虽派别众多,但却角色各异,这些研究的主要对象是针对单一的组织或企业开展的。正如陈炳亮（2011）在对现有供应链边界理论综述后指出,目前在企业边界的变化上,出现了很多新的商业实践,带来了新的研究问题和现象,这些新问题的解决一方面有重要的实践意义,另一方面可能为企业边界的研究增添新的视角。因此,供应链作为一种新型的组织,或企业联盟在其组织边界问题研究上,需要在原有组织边界理论基础上做进一步研究和完善。

第二节　供应链空间边界界定

为了定义供应链边界,我们先考察供应链中的三个问题,即供应链的参与者人数、供应链空间分布,以及供应链中的交易行为。

首先,考察供应链中的参与者人数。供应链是一个网络组织,这个组织是由不同的成员基于契约结合成的联盟,在供应链中这些成员也叫作节点企业,每个节点企业构成了供应链网络中的一个节点。就供应链参与者人数而言,可以是只由一个供应商和制造商构成的简单网络,也可以是一个由众多参与者构成的结构复杂的网络。比如由零售企业 Wal-mart 为核心的供应链,目前,Wal-mart 在全球 27 个国家拥有 69 个品牌下的 10 994 家分店以及遍布 10 个国家的电子商务网站。2014 财政年度（2013 年 2 月 1 日至 2014 年 1 月 31 日）,Wal-mart 的销售金额达到 4 730.76 亿美元,全球员工总数约 220 万名。在

Wal-mart 供应链中,参与的供应商数以万计,消费者数以亿计。

其次,从空间上考察供应链。在全球经济一体化背景下,供应链不再是一个局部的概念,Srinivasan et al. 定义了全球供应链的概念:一个世界性的网络,这个网络包括供应商、制造商、仓库、分销中心以及零售商,通过这个网络原材料可以获取、转移以及传递给顾客。由此可以得出,在空间上一个供应链分布在世界任何一个角落,比如随着网络技术的发展,工程师可以在世界任何地方参与波音飞机的研发设计工作,消费者随时随地可以为自己需要的商品下采购订单等。如今,供应链的发展已经证明,空间和时间都不再是制约供应链发展的根本因素了。

最后,考察供应链中的交易行为。供应链是一个由不同成员企业共同构成的联盟,它们有着共同的联盟目标,但这些成员在法律上具有独立的法人主体地位,又有着各自不同的利益诉求。供应链的交易主要是靠价格机制起作用,这一点无论是供应链内部交易,还是供应链外部交易,本质上都是一样。这也是供应链组织与单个企业的组织一个明显的差异,单个组织内部主要是靠组织的权力层次来运行的,外部主要是靠价格机制来运行的。

面对这种网络结构的供应链组织,原有对组织边界的界定难以适应,比如Santos & Eisenhardt(2005)定义组织边界仅仅作为组织和环境的界线,供应链参与人员众多以及供应链在空间上的无限制性,很难界定组织和环境的界线了。由于供应链内部和外部的交易都基于市场(价格)机制的作用,Coase 对企业边界的界定也难以适应。面对参与者众多、空间分布极为广泛以及组织内外部交易均以价格机制为主的供应链,如何界定它们的边界呢?

构建供应链边界理论,这个理论能够解释供应链边界问题,需要对现有组织边界理论进行突破和完善。我们从供应链存在的根本理由来讨论供应链的边界。供应链本质上是一个价值链,供应链的目标是让整个供应链的价值达到最大化,从而获得供应链整体的竞争优势。因此,我们定义供应链边界是"使供应链整体价值达到最大化的界线"。

这是区分供应链和外部环境的一个界限,是否把外部环境纳入供应链,这是一个约束。例如:一个企业 M,假设 M 是个制造企业,生产产品 $G(PS_1, PS_2, PS_3, \cdots, PS_N)$,表示生产产品 G 需要 N 种 PS 配件。设供应链边界为 Q,当 $Q = 0$ 时,表示供应链只有一个企业,即 M 实质上没有采取供应链模式。假如 M 采用供应链模式,把其中以前由自己生产的配件 $PS_1 = 1\,000$ 个改为供应链方式提供,假设由 S_1 提供,这个时候 $Q > 0$。S_1 就作为这个供应链的第一个成员或叫作节点企业。假如 M 的配件 PS_2 由供应商 S_2 提供,就意味着供应链有了两个成员。在各种增加供应商(S_i)加入的理由中,都可以归结为 S_i 的加入使整个供应链的价值得以增加,供应链整体竞争优势增加。随着供应链成员企业加入,供应链的边界扩展为 $Q_0 > Q_1 > \cdots > Q_n$(n 为加入的节点企业数)。

第三节 供应链空间边界模型构建

我们设供应链价值边界为 $Q = f(R, C)$,Q 是闭合的,不是一个平面而是一个空间,当 Q 最大化时,表示供应链边界任何的扩大都会损害供应链整体的价值。当 $Q = 0$ 时,供应链只有一个企业,所有生产都在组织内部进行或者通过市场交易来完成。R 定义为供应链知识生产所得的收益,而 C 是供应链知识生产过程中的成本。在一个经营正常的外部环境下,供应链边界保持扩张趋势,而在经营环境不好的情况下采取收缩战略。在正常的外部环境下,当 $R > C$,供应链边界会继续扩张,直到 $R = C$,供应链边界扩张到最大,这时闭合 Q 空间最大。

R 和 C 两种力量决定供应链边界 Q。就犹如一个气球,气球膨胀多大,由气球内外的压力以及做气球的材料所决定,当气球内外压力相等,并且达到气球材质最大的承受力的时候,就达到了气球的边界最大,气球的空间也达到了最大。

另一个需要讨论的是边界的稳态问题。供应链边界处于相对稳定状态,是一个动态平衡的过程。当任何 S_i 加入时,带来的边际收益等于边际成本,供应链边界处于临界点,即处于一种暂时的稳态。

我们现在研究打破这一稳态的因素。影响供应链边界因素来自三个方面,一是供应链系统内部,二是新加入的供应链企业,三是市场价格变化。

一、系统内部因素

供应链系统内部各个要素既相互独立又相互制约,如某一个供应商的供应能力相对固定,供应链使用的配送系统效率保持相对稳定,供应链上下游企业对反应速度也保持一致性等,正因如此,供应链才处于相对均衡状态。但这种系统内的相对稳定也常常被打破,打破原有平衡的力量主要来源于系统内的知识创造。知识创造的结果是使供应链内部知识数量增加,以及知识的质量增加,因此,供应链知识数量和知识质量的变化导致了供应链边界的变化。

二、新加入供应链企业

供应链就节点企业数量而言是动态的,企业加入供应链或退出供应链,是供应链自身竞争力不断提升或下降的结果。研究者对这一问题常常用木桶原理加以说明,一个木桶能够盛多少水是由构成木桶最短一块木板决定的,这个道理显而易见。运用到供应链成员进入或退出,说明供应链核心竞争力是由加入供应链企业中最差节点企业决定的。比如在丰田或波音公司庞大的供应链里面,丰田和波音产品的质量往往是由质量最差的供应商决定的,因此供应链始终需要最强企业加入,以保证整个供应链的竞争力。一个新加入供应链的成员企业意味着该企业加入后和供应链原成员企业的知识连接,其收益要大于成本,即在 $Q = f(R, C)$ 中,$R > C$,使供应链边界保持扩张态势。

三、市场价格的变化

价格是市场中起决定性作用的因素,市场通过价格为杠杆调节生产和消费的所有过程。在一个均衡市场中,产品及各个要素的价格相对稳定,但长期来看价格却处于变化(或价格波动)之中。市场中价格的变化对经营者来说是一种风险,也是一种机会,如果没有价格的变化,市场中就没有套利机会,就没有商机,但如果对价格变化趋势预测失败,并在此基础上做了经营决策,则可导致经营损失,严重的会导致破产。在知识社会中,市场上产品的价格或要素价格是由其注入的知识所决定的,这里包括知识的稀缺性、知识的质量等知识的性质,即 $P = f(k)$, P 代表产品或要素的价格, k 代表知识的性质。因此,市场中价格的变化,一方面是知识价值的反映,另一方面也导致供应链知识创造的成本和收益的关系变化,进而打破供应链边界临界平衡。

第四节　空间控制临界值预测

基于知识的视角,供应链 $Q = f(R, C)$ 是否有一个最大空间边界呢? 就如气球在内外压力下其空间有一个最大限度一样,如果超过这个空间最大值,气球则会发生爆炸,这个最大值就是空间的最大临界值。供应链是否有这样的一个空间最大临界值呢? 如果有,这个临界值如何确定呢?

对这一问题,可以从实践和理论两方面进行考察。

在实践方面,供应链有仅由供需双方两个节点企业构成的简单供应链,也有如丰田、波音公司等由分布在世界各地的众多节点企业构成的复杂供应链。这些简单或复杂的供应链,其空间边界差距如此巨大,但都在按照其自身的方式有效运转,这就是供应链空间边界问题让人着迷的地方。当仅仅考虑一个因素——供应链节点企业的个数时,假设 N_t 为现实中供应链的最大节点企业数,即在 t 时刻,供应链最大的节点企业为 N 个,那谁又能够保证在 $t+1$ 时刻,节点数量不会增加呢? 因为我们从经验数据和现实体验无法否定 $N_t + 1 > N_t$。

在理论研究上,基于本章构建的供应链边界 $Q = f(R, C)$ 模型,这个边界是否存在取决于 R 和 C 的比较值。知识经济发展已经证实了而且将继续证实,知识运用和知识的创造是知识社会的一种制度,这种制度降低了整个社会运行的交易费用。因此,在理论上,随着空间边界扩大,增加了知识运用和知识创造,而这降低了供应链的交易费用,故而会进一步扩展供应链边界。换言之,供应链边界随着供应链中知识链接的增加,其边界处于扩展趋势。因此,要预测这个空间最大临界值是徒劳的,也是没有必要的。

第五节　本章小结

本章研究供应链边界问题,界定了供应链边界的含义,并构建了供应链边界模型,讨论了影响供应链边界的因素,以及根据构建的供应链边界模型对供应链边界发展趋势进行了预测,得出的基本结论是,随着知识创造的活动成为供应链基本的活动,供应链边界将呈现不断扩张趋势。

4

供应链空间知识存在及其测度

第一节 引　言

知识已经成为供应链中重要的资源和供应链管理的主要对象（Hult et al.，2006；陈菊红，王能民，杨彤，2002）。Lee（2004）指出，供应链中有效的知识流动和知识共享能够有利于其敏捷性、适应性和结盟，有助于帮助供应链获得更好的绩效。Dyer & Hatch（2006）通过对丰田、通用、福特和克莱斯勒的供应网络研究，得出对供应链中网络知识管理可以带来更高的绩效以及持续的竞争优势。近年来，学者们从不同角度对供应链知识管理问题进行研究，取得了相应的成果。正如 Grant（1997）认为基于知识的观点带来了自 20 世纪初以来最深刻的管理思想的变化一样，这些研究拓展了我们对供应链的认识，丰富了供应链理论的内涵。

但正如 Chen et al.（2009）所言，知识的测量是知识管理活动中最艰难的活动。知识的无形和不可触摸的本质使对知识的测量成为一个相当复杂以及让人畏惧的任务（Kankanhalli & Tan，2005）。国内外学者对知识的测量问题开展了相应研究，提出了测量知识的方法和模型。Ragab & Arisha（1997）对近 10 年 350 篇知识管理文献分类整理，把知识管理分为 5 个方面：①对知识和知识管理本质的研究；②对知识管理系统的研究；③对信息技术作用的研究；④对管理和社会问题的研究；⑤对知识测量问题的研究。在对知识测量的研究中总结了三种主要的方法：财务方法、IC 方法和绩效方法。国内学者魏和清（2005）就如何测度知识存量，如何建立分类知识增长模型、知识测度模型等进行了研究，吴新文等（2013）研究了基于科技文献的知识存量测度模型，李顺才等（2003）利用永续盘存的思想建立了一种基于科技文献的知识存量测度模型等。尽管如此，就知识测度而言，仍然需要提出一些新的测度模型（Ragab & Arisha，1997）。

知识普遍存在于供应链中，但供应链管理者并不清楚供应链中知识的价值究竟如何，也不知道知识究竟如何存在，更不知道对该知识系统如何去测度或衡量,尽管知识是供应链获取竞争的主要来源。通过对供应链知识管理文献的梳理,发现鲜有涉及对供应链中知识测度的研究,加上现有对知识测度的方法其本身也不成熟,直接把已有的知识测度模型用于供应链也是不适合的。如果还没有对管理对象的衡量方法,还不能够对其进行精确衡量,那么这个对象必然对研究者而言存在不可告知的秘密。因此,就供应链知识管理实践而言,在生产中还不能够精确地确定知识的投入和产出比例,不能够对生产过程进行很好的控制,产出也是随机的。这是在供应链知识管理过程中,虽然有丰田、戴尔等公司通过知识管理取得了良好的业绩,但持观望态度的比实施的企业更多的原因所在。

本章主要对供应链中的知识存在性和供应链中的知识测度问题进行研究。研究内容主要包括三个方面:①对供应链知识存在性研究。主要是基于知识无处不在,却又无形和难以触摸,知识总是依附于其载体个人、组织及产品等,需要一种标识来表示供应链知识的存在。②对供应链知识测度的研究。在知识存在的前提下,如何对供应链中的知识进行测量,需要一种测量知识的方法和衡量知识的单位。③对供应链知识管理意义进行阐述。

第二节　供应链空间知识存在证明
——成本收益法

供应链中的知识是指供应链整体所拥有的知识总和,包括供应链中个体和组织的知识,以及供应链各种工艺和实体产品中嵌入的知识等。对供应链中知识的有效管理所取得的惊人业绩,不仅展示了知识作为供应链中重要的、关键性资源的地位所在,而且也揭示了供应链中知识存在的真实性不容置疑。知识显而易见地存在其中,但知识是无形的,如何来证明供应链中知识的存在呢?

知识是无形和不确定的,不能像有形资产一样独立存在。供应链中的知识须依托供应链而存在,用什么方式来证明知识的存在呢? 可以通过比较法来证明知识的存在,即在其他条件一样的情况下,比较供应链和非供应链两种不同模式下,其运作过程中的差异来感知知识的存在。

假设市场由生产企业 D 和供应商 S 构成。首先考察 D 和 S 在非供应链情况下的运作模式。在非供应链情况下,D 和 S 是相互独立的两个知识系统,在决策上表现为 D 和 S 的决策在各自封闭的知识系统里独立进行。假设 D 为了生产,需要购买原材料,S 是供应商,出售这种原材料。在真实的市场中可能出现这种情况:D 为了完成生产计划,需要采购 50 个单位的某型原材料,而 S 只向市场上提供 10 个单位产品。那么,第一次只能够采购 10 个,D 为了生产,需要派人进行第二次采购。这个时候假设 S 向市场只提供 20 个单位产品,于是 D 还需要派人进行第三次采购,而这次只需要采购 10 个产品,但前两次 D 的采购行为可能让 S 觉得市场情况良好,于是生产了 50 个产品,这个时候 D 的需求满足了,整个市场却多出了 40 个产品的供给,对 S 来说,40 个多余的产品就成为库存(在非供应链模式下,交易次数多,信息失真可能性越大)。

然后,考察 D 和 S 在供应链下的运作模式。在供应链模式下,D 和 S 会共享对方知识系统,D 和 S 的决策是基于对彼此知识系统的开放性进行的,当 D 生产需要 50 个原材料时,S 按照 D 的需要生产 50 个产品。供应链模式下知识共享系统包括的不仅仅是 50 个原材料的数据,往往还包含了更多的内容,比如 D 何时需要这批料件,对这批货物采取第三方或自有的返空车进行运输等,S 可以根据共享的知识系统来决定何时采购、何时生产,以及生产多少等。

由上可知,D 在采购 50 个单位的原材料时,在供应链和非供应链下 D 和 S 具有不同的成本收益结构。

(1)在非供应链下采购成本收益结构分析。在该模式下,D 需要分三次完成采购,需要付出三次的采购成本;D 因为没有及时采购到原材料可能产生违约成本或市场机会成本,比如提前上市可获高价等;S 因为市场没有出清产生40 个产品的库存成本,以及未来市场风险,比如 D 改变生产策略,造成 40 个产品的报废风险等。

（2）在供应链下采购成本收益结构分析。在供应链模式下,D 只需要付出一次采购成本;S 可以采取规模生产,降低成本;S 生产的产品一次出清,没有库存成本以及相应的其他风险;S 和 D 双方的研发人员可以共同对产品进行技术攻关,提高产品的技术含量,或降低成本等。

通过比较,同样的采购任务,在不同模式下其成本收益结构的差异很大,其原因在于供应链与非供应链模式下知识系统的运作方式的差异。这一差异体现了也证明了供应链知识或知识系统的存在并发挥作用。

成本收益结构的差异可以用公式表示如下:

设供应链模式下的成本为 C_{sc},收入为 R_{sc},成本收益为 U_{sc};非供应链模式成本为 $C_{\underline{sc}}$,收入为 $R_{\underline{sc}}$,成本收益为 $U_{\underline{sc}}$。

成本收益结构差异为:

$$\Delta U = U_{sc} - U_{\underline{sc}} = (C_{sc} - C_{\underline{sc}}) - (R_{cs} - R_{\underline{cs}}) \tag{4.1}$$

当 $\Delta U = 0$,说明没有进行供应链管理;

当 $\Delta U \neq 0$,说明通过供应链知识共享,改变了供应链的成本收益结构,这种改变来源于供应链中的知识,证明了供应链中知识的存在并创造了价值。

第三节　供应链空间知识链接及最大链接数

一、供应链空间的知识链接

是否可以找到衡量供应链知识的方法呢? 对知识资产的管理在于知识能够创造价值,这是知识资产具有资产根本属性的表现。因此,在衡量知识上,虽然不能够先衡量知识的投入,再计算知识的产出,但由于知识产出是可以量化的,因此,采取逆衡量的方法,即通过产出多少来衡量投入了多少知识,进而确定知识量化的单位。

为此,引入知识链接的概念,所谓知识链接是指供应链中知识主体之间知识的使用或运用,是改变或影响供应链成本收益结构的基本方式。知识链接用 K 表示。知识链接的动力可以是受到外部因素的诱导,也可以来自知识主体的内在驱动。

考察一个由核心企业(制造商)、供应商和经销商构成的供应链,其中,M 为核心企业,S 为供应商,D 为经销商。现在,通过供应链采购行为来分析知识链接情况。假如 D 需要 100 个单位的产品,生产一单位产品需要供应商 S 一个单位配件 PS。

在拉动型供应链模式下,当 D 需要 100 个产品时,这一需求传导给制造商(核心企业)M,M 将生产 100 个产品需要采购的 PS 配件数量信息传导给 S。在这个具有供应商、制造商和经销商的供应链中,存在三个独立的知识系统,分别为 KM、KS、KD。当供应链因为需求拉动需要生产 100 个单位产品时,可能产生的知识链接有:①供应商与制造商之间的知识链接 K(KM, KS),即制造商将原材料采购信息传递给供应商;②制造商与经销商之间的知识链接 K(KM, KD),即经销商将市场信息传递给制造商;③也可能产生经销商与供应商之间的知识链接 K(KS, KD),比如经销商在销售产品时,需要供应商提供配件的维修和配件的更换,供应商会对经销商进行相关知识的技能培训等;④也可能产生供应商、制造商与经销商三者的知识链接 K(KM, KS, KD),比如制造商需要开发一种新产品,需要了解市场需求以及需要与配件供应商一起攻克技术难关等。

二、供应链空间知识链接最大数

知识链接最大数是指供应链可能发生的知识链接的最大数量。供应链中的知识链接有如下性质:①由契约构成的供应链联盟中,所有知识主体的地位都是平等的,所以供应链中任何一个知识主体都可以和其他任何一个或多个主体发生链接;②我们定义这种知识链接按顺序,即相同两个主体,顺序不同被认为是不同的链接;③知识单元可以和自己产生知识链接。供应链中确定知识主体后,得出供应链知识主体结构图,就可以计算出该供应链最大的知识链接数量。

当供应链有 N 个知识主体时,最大链接数为:

$$L_k = p(n,1) + p(n,2) + p(n,3) + \cdots + p(n,m),\text{其中}(m \leq n) \quad (4.2)$$

例如:在由一个供应商(S)、一个制造商(M)和一个经销商(D)构成的供应链中,如果知识链接仅仅发生在企业层面,所有的链接数为 $L_k = p(3,1) + p(3,2) + p(3,3) = 3 + 6 + 6 = 15$。

第四节　供应链空间知识链接收益及知识衡量

一、供应链空间知识链接收益估计

知识链接改变供应链成本收益结构,即供应链通过知识链接创造了新的价值,在得到供应链中最大知识链接单元数后,可以估计这些链接给供应链带来的收益总和。

设计 R 为供应链知识链接产生的最大收益,那么:

$$R = f(L_k, \mu, \beta) \quad (4.3)$$

其中:

L_k 为最大链接数。最大链接数量由供应链中知识单元数量决定,知识单元越多,最大链接数量值越大。

μ 为质量系数。知识质量是供应链中不同知识单元的知识互补性和异质性,知识质量系数用于表示互补性和异质性的程度,知识质量系数与知识链接产生的收益正相关。

β 为环境系数。知识链接总是在一定的环境中发生和进行的,环境系数是指为供应链知识链接提供的支持力度和环境友好性程度,环境系数与知识链接产生的收益正相关。

供应链中的知识链接具有成本和收益的性质。在一个供应链系统中,如果知道所有知识链接,就可以预测供应链知识的成本收益状况,进一步便于实施供应链知识的管理活动。如上所说的,链接具有成本收益的性质,供应链知识链接反映了供应链成本收益的变化,那么就可以预计出供应链中可能的知识单元数量,由此可以推算出供应链中可能的收益和成本。

二、供应链空间知识的衡量

假设以上知识链接所改变的成本收益结构为 ΔU, 知识链接数为 $N_k = 3$。那么可得到:

$$\delta = \frac{\Delta U}{N_k} \qquad (4.4)$$

δ 为由 M、S、D 构成的供应链在完成 D 需要 100 个产品时,平均每个知识链接产生的成本收益改变。因此把 δ 作为衡量供应链知识的最小单位。

从管理的角度,不仅需要知道供应链知识的存在,以及它的运作方式,更需要能够找到可以衡量供应链整个知识系统中知识的单位,或者说需要一种衡量供应链知识的标准,这就是 δ 的管理学意义所在。

第五节　空间链接概念与管理实务

空间链接的概念提出,除了在理论上能够有助于认识供应链空间中知识的含义,在管理实务上也具有一定的指导意义,表现在以下几个方面。

(1)由于知识链接可以改变供应链的成本收益结构,因此,在供应链管理实践中应该重视对供应链知识的有效管理,通过知识管理增加供应链的收益,获得或保持供应链的持续的竞争力。

（2）由于知识链接作为改变供应链成本收益结构的基本方式，因此，在供应链管理过程中需要提供更多驱动链接的内在和外在动力，这需要在供应链知识管理过程中设计良好的制度作为保障。

（3）由于知识链接最大数量与知识单元成正比，因此在供应链知识系统中，要尽可能形成更多的知识单元，为供应链创造更多的收益。

（4）在供应链构建过程中，要注意对成员企业的选择，具有更多知识互补和异质的成员企业应该进入供应链。

（5）对供应链知识管理，需要强调供应链整体文化氛围的建设，良好的环境更有利于放大知识链接产生的收益。

第六节　本章小结

从管理的角度，仅仅知道供应链是一个知识系统是远远不够的。因此，本章研究供应链中知识的存在性，即怎样来表达和理解这些无形的却又客观存在的知识问题，研究了供应链知识运作的方式，供应链中的知识链接，以及知识链接的相关性质，包括链接单元、链接的成本和收益的含义，以及如何计算供应链知识链接的数量等。本章的研究，有利于剖开供应链知识的黑洞问题，使在研究供应链知识问题上有了具体的研究方式和手段，可以采用定量的方法去研究知识问题。

5

供应链空间的知识创造

第一节　引　言

尽管罗素在《人类的知识》最后指出"全部人类知识都是不确定的、不精确的和不全面的",但人类还是如期迈向知识的社会。张雪魁(2010)在其著作《知识、不确定性与经济理论——主流经济理论的三个替代性假设》中指出,借助于混沌理论等分析工具,越来越多的学者意识到,市场经济系统是一个拓扑的、开放的和演化的复杂性结构。并引用约翰·福斯特和 J. 斯坦利·梅特卡夫主编的《演化经济学前沿——竞争、自组织与创新政策》说明:"从自组织的观点来看,以知识为基础的经济是自动催化的(Autocatalytic):知识的自我繁殖以一种相当不可预测的方式产生新的知识。"

孔狄亚克(1989)认为:"不管我们的知识是什么样的,只要我们愿意追溯这些知识的起源,我们最终总能达到一个最初的、简单的思想,这个思想就是我们第二个思想的对象,依次类推。""感觉和心灵活动,就是我们的全部知识的材料,即通过反省对这些材料进行一些组合,来寻求这些材料所包含的关系。""可以断言,一切观念莫不是得自后天的:最初的观念直接来自感官,尔后的观念则得自经验,并且随着人们反省能力的增长,这些观念也就愈益增多。"

供应链的产生是管理思想的一次重大变革,是亚当·斯密分工思想在管理实践中最成功的体现之一。经过 20 多年的发展,供应链管理已经形成了自己完善的管理理论和管理方法。按照 Drucker(1993)对知识含义的划分,供应链中知识含义的变化也可分为三个阶段,见表 5.1。

表 5.1　知识的含义与供应链的分类

时期	知识的含义	供应链的分类
第一阶段	知识运用于工具、生产过程和产品	传统的供应链
第二阶段	将知识运用于工作	传统的供应链
第三阶段	将知识运用于知识	基于知识的供应链

我们把第一、第二阶段的供应链称为传统的供应链；把处于第三阶段的供应链称为基于知识的供应链。知识含义的变化，使传统供应链管理方法很难适用于基于知识的供应链管理，需要发展和形成新的基于知识的供应链管理理论，并通过理论指导供应链管理实践。

第二节 知识创造的两个维度

基于知识的供应链管理理论，首要任务在于解释或说明供应链中的知识如何被创造出来。现有文献关于供应链中知识的重要性论述很多，但关于供应链中的知识如何被创造的研究却寥寥无几。在本书的研究中，我们提出一个将传统和非传统的知识观综合成的供应链知识创造理论，这一理论框架由两个维度构成：认识论维度（Epistemological Dintensionality）和存在论维度（Ontological Dimensionality，如图 5.1 所示。

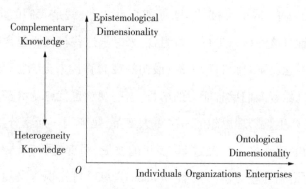

图 5.1 供应链知识创造的两个维度

一、讨论认识论维度

从认识论角度，供应链中的知识分为互补性知识和异质性知识（Heterogeneity Knowledge）两类。互补性知识是分工的产物。竞争激励的今天，没有任何一个企业能够完成包括原材料的购买、制造以及销售等在内的所有事情，分工是提高效率的有效途径和手段,分工的结果是分割了原本属于一个企业或组织中的知识,因此,供应链不同成员企业之间拥有的知识具有天然的互补性。

Polanyi(1966)把知识分为暗默知识和形式知识两类。暗默知识是指与特定情境相关的个人知识,难于形式化,也难以进行交流。根据资源基础理论观点,认为企业的竞争优势源于企业拥有的异质性资源(Barney,1991)。所谓异质性资源,其表现为有价值性、稀缺性、难以模仿性和难以替代性,构成了企业竞争优势的内生来源(Barney,1991)。因此,供应链中所有成员拥有的隐性知识就构成了供应链的异质性知识。

二、存在论的维度

供应链中的知识主体包括供应链中的个体、组织和企业。从严格意义上讲,唯有个体能够创造知识,组织的功能是对富有创造性的个体提供支持或为个体创造知识的活动提供有关情境(Nonaka,et al.,1995)。供应链中的组织和企业,不但支持个体创造知识,为知识创造提供情景,同时也是知识创造必不可少的参与者、推动者和创造者。

第三节　供应链空间的知识创造

一、知识转化的三种模式

关于人类知识的起源以及知识如何被创造,是一个完全的哲学问题。供应链中的知识可分为互补性知识和异质性知识两类。供应链知识创造基于这样的假设:供应链中的知识是互补性知识和异质性知识相互作用而创造和扩展出来的,这种相互作用被称为"知识转化"(Knowledge Conversion)。在供应链中,这种转化发生在不同的层次,包括发生在个人、组织以及企业之间的相互转化过程。

新知识是通过互补性知识和异质性知识相互作用而创造出来的。基于这一假设可得出知识转化的三种模式(图5.2):①互补性知识与互补性知识相互作用,称为融合(Fusion);②异质性知识与异质性知识相互作用,称为碰撞(Collision);③互补性知识与异质性知识相互作用,称为组合(Combination)。

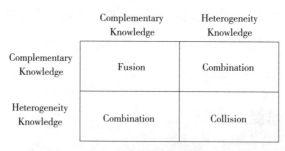

图5.2　知识转化模式

二、互补性和异质性程度对供应链的影响

知识的互补性和异质性程度的不同,对供应链知识创造的结果影响是不同的。这种不同的影响可以用图5.3来表示。

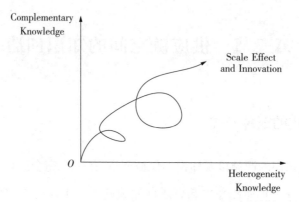

图5.3　知识互补(异质性)对供应链的影响

互补性知识帮助供应链取得规模效应(Scale Effect),且知识的互补性程度越高,供应链边界就越向外扩展,取得的规模收益越明显。这一点对理解供应

链边界问题至关重要。按照传统经济学关于规模经济的解释,所有组织应该有一个边界,当组织扩大到一定程度,超越这一边界后,规模经济消失,带来的将是规模不经济。就供应链而言,我们认为仍然受到这一个规律的约束,但现实中却很难确定供应链边界究竟有大,越来越庞大的供应链体系让我们相信,供应链似乎没有边界,造成这种局面的原因就在于供应链中知识互补性极大地扩展了其边界。

知识的异质性程度越高,带给供应链创新(Innovation)程度越高,这种创新性有多种表现,比如表现为供应链产品的差异程度越高,产品越有竞争力。这就是资源基础理论所说的,资源的异质性带来组织的竞争力。

第四节　知识创造的空间场所

一、创造知识作为一个综合的过程

创造和利用知识的能力被认为是企业可持续竞争力的最重要来源。本书将知识创造定义为通过个体、组织及环境之间的相互作用对各种矛盾进行综合的辩证过程。然而,人们仍然对供应链究竟是怎样创造及利用知识的过程知之甚少,因此,需要一种以知识为基础的供应链新理论,这种理论与现有经济学及组织理论在某些基本层面有所不同。此外,还必须理解,知识创造是一个超越的过程,在这个过程当中,创造知识的实体(个体、组织和企业等)通过获取新知识对旧的边界进行拓展,从而进入新的自我。本书的基本论点是:供应链知识创造是各个主体(包括个体、组织和企业)和周围环境相互作用从而对不断涌现的矛盾进行超越的综合过程。

供应链在知识创造过程中的矛盾可以从供应链参与知识创造的主体和知识的性质进行分析。从参与主体来看,供应链中的成员企业,它们既相互依存,有共同的目标和利益所在，又是相互独立的主体，有着与其他企业不同的利益诉求。从知识本身的性质来看，知识资产和实物资产不同，知识资产的拥有者可以与他人分享其知识，虽然分享知识资产并不降低对知识的占有，但分享的知识丧失了稀缺性，这降低了知识的价值。这些矛盾以及其他诸多矛盾综合在一起，导致了供应链中知识的主体在创造知识过程中行为保守，不愿意共享自身拥有的知识，或者在知识创造过程中搭便车，这些妨碍了知识创造的最大化。

二、知识创造的空间

供应链中的知识是供应链中的主体根据自身利益最大化而做出选择的结果。但知识不可能在真空中创造出来，知识创造需要实际的情景，即需要一个场所，在这个场所里信息通过解读被赋予含义，从而完成知识的创造，产生出新的知识。

在人类认知及行动方面，许多哲学家曾经讨论过场所的重要意义。我们将这个场所叫作"空间"，并给出与竹内弘高和野中郁次郎相同的定义，即空间作为供应链成员分享、创造及运用知识的动态共有情景，并为知识的创造和转化提供条件、能量和场所。供应链各个层次的知识转化均在这样的空间里完成，这里的空间可以理解为是一个具体的物理空间，或是一个无形的、多维度的类似于时空的空间。

空间普遍存在于供应链中，任何一个可以划分为一定单位的知识创造活动就是一个"空间"，例如供应链中个人与个人之间、个人与组织之间、企业与企业之间，以及企业与客户之间，一个临时的研发团队，一个共享的网络群组等。空间也是相互联系和相互依存的，这些知识创造活动相互影响渗透，带来了空间重叠和空间的拓展和延伸，知识创造活动重新界定了供应链的边界。空间是开放的，供应链知识创造是一个动态的过程，各种知识主体参与到创造知识的活动中去，同时供应链与外部环境保持交换和沟通。

空间可以被视为一种对知识创造的组织方式。在空间里，人们基于所具有的知识(互补性或异质性)彼此互动,同时与环境发生作用。从这个角度,我们可以预见:供应链应该和能够创造哪种知识,哪些人是具备真正知识的"正确人选",创造知识的人员之间需要怎样的互动过程,甚至可以考虑现有供应链该做何种动态调整来满足知识创造的需要。

第五节　本章小结

如今的社会里,人们已经逐渐认识到知识是一种首要的财富源泉。然而,我们会发现,知识是一种非常难以捉摸的东西,其运转方式与我们更为熟悉的物资资产完全不同。本章构建了供应链空间知识创造理论模型,得出供应链知识创造的基本过程和知识创造的方式,为供应链进行知识管理提供理论支持和参考。

6

供应链知识共享的囚徒困境与空间模型构建

本章提出基于知识观的供应链概念,探讨了知识时代供应链管理思想的变革;研究了供应链中知识的状态,构建了供应链中知识的流动模型;分析了供应链知识共享囚徒困境产生的原因,提出了解决困境的途径;把空间经济学理论引入供应链中,分析了供应链知识共享的空间特征,并且构建了供应链知识共享的三维空间模型。本章作为后面章节研究的一个统领,一方面提出一些基本观点,另一方面又为后续章节的进一步研究奠定了基础。

第一节 基于知识观的供应链及供应链管理

一、基于知识视角的供应链

20世纪80年代,伴随"纵向一体化"管理模式的种种弊端显现出来,先是美国的一些企业,其后是国际上很多企业放弃了这种经营模式,随之而来的是"横向一体化"(Horizontal Integration)思想的兴起,即利用企业外部资源快速响应市场需求,一个企业只抓自己具有核心竞争力的业务,而将非核心业务委托或外包给合作伙伴企业。例如,福特公司的 Festiva 车就是由美国人设计,由日本的马自达生产发动机,由韩国的制造厂生产其他零件和装配,最后再在美国市场上销售。制造商把零部件生产和整车装配都放到了企业外部,这样做的目的是利用其他企业的资源,促使产品快速上马,避免自己投资带来的基建周期长等问题,赢得产品在低成本、高质量、早上市等诸多方面的竞争优势(马士华,林勇,2006)。供应链正是在这样的背景下产生的。

供应链包括满足顾客需求所直接或间接涉及的所有环节(Chopra & Meindl,2001),它不仅包括制造商和供应商,而且包括运输商、仓库、零售商和顾客。供应链的产生是管理思想的一次重大变革,是亚当·斯密分工思想在管理实践中最成功的体现之一。经过20多年的发展,供应链管理已经形成了自己完善的管理理论和管理方法。

知识时代,知识已成为整个社会构建的基础。知识的企业理论认为,企业是一个知识的转化器,投入知识并产出知识。从知识的视角,供应链是一个知识的系统(Lin et al.,2002),是一个知识链(吴邵波,顾新,2008;刘勇军,聂规划,2007;张悟移,2006),是一个投入知识和产出知识的转换器。供应链的"分工"是基于知识的分工,"知识分工"是一种节省时间的重要方法,是经济中一种高生产效率的安排。例如,货物转运商知道在某两个地点之间要走什么路线,他们的车辆什么时候出发和到达,运费是多少等。

Drucker(1993)把知识含义的变化分为三个阶段,按照德鲁克对知识含义的划分,供应链中知识含义的变化也可分为三个阶段,即将知识运用于工具、生产过程和产品阶段,将知识运用于工作阶段以及将知识运用于知识阶段。由此,在研究中把处于知识含义的第一、第二阶段的供应链称为传统的供应链;把处于第三阶段的供应链称为基于知识的供应链。

根据这一划分,我们可以把供应链知识共享定义为广义的供应链知识共享和狭义的供应链知识共享。广义的供应链知识共享是指包括了知识含义变化的所有阶段的知识共享;而狭义的供应链知识共享则指在第三个阶段,即把知识运用于知识阶段的知识共享。

通过本章的研究,其目标之一是希望能够构建一个基于知识的供应链理论,或者说为构建这样的理论奠定一个理论基础。从认知论的角度,这样的理论至少应该能够回答或者比其他理论更好地回答供应链为什么存在这样一个根本问题。从知识创新的理论可知,人们拥有异质性的知识是成功进行知识创新的关键所在,供应链的分工可以造就整个供应链知识的异质性。另外,供应链又是一个网络组织,从网络创新理论出发,创新源于网络,而不是单个的企业(Dyer & Singh,1998;Powell et al.,1996;Dyer & Nobeoka,2000)。网络在知识创新过程中的作用,在于网络可以让不同的知识发生相互连接和作用,或者说网络为彼此孤立的知识发生联系提供了必要环境。知识的相互连接和作用可以碰撞出"知识的火花",从而更有利于新知识的产生。可以想象一下,如果割断网络中所有人(所有知识)的联系,网络知识创新的优势就不存在了,或者说这样的网络根本就不能称其为网络了。

供应链是一个包含原材料供应商、制造商、分销商和消费者等在内的一个网络。供应链与其他一些网络组织(如其他一些战略联盟)相比较,供应链的优势和特点是什么? 从基于知识的视角,供应链网络与其他网络相比较,最主要的差异在于两个方面:一是供应链为企业间的知识共享活动提供了一种强联系;二是供应链成员企业间的知识具有较强的互补性特征[关于供应链知识互补性可以参见 Bandyopadhyay & Pathak(2007)等的研究]。正是这两个因素,使供应链这个网络组织比其他网络组织有更强的知识创新优势。供应链联盟之所以存在,其原因就在于供应链在知识创新过程中的比较优势。因此,基于知识的观点可以得出,供应链就是把网络中孤立的知识联系起来(进行有效共享与创新)的一种机制。图 6.1 为供应链企业间知识共享活动强联系模式。

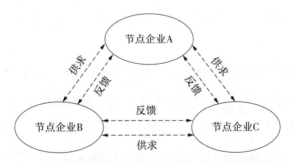

图 6.1　供应链企业间知识共享活动的强联系模式

二、基于知识的供应链与传统供应链管理的差异

现今的组织和管理理论反映着上一次世纪之交时流行的思想,那些思想的特色是以牛顿学说的模型为基础的。这个模型认为,组织是为实现明确的目的和目标而精心设计的一种受控机制。而在知识创新已经成为企业核心活动的

知识时代,企业不再是一台机器,仅仅为了"处理"客观的信息,而是发掘员工头脑中潜在的想法、直觉和灵感,并综合起来加以运用的一个活生生的有机体(Nonaka & Takeuchi, 1991)。故而基于知识观的供应链与基于非知识观的供应链(也称为传统的供应链),有着不同的管理哲学和管理思想。两者在管理过程中的差异至少可以体现在如下四个方面。

第一,对待知识的方式不同。人类生产的过程总离不开知识。但不同的管理思想下,知识被赋予的含义和作用不同,人们对待知识的方式也不同。传统的供应链管理以静态的方式去对待知识,所关注的是知识的存量问题,知识的多少问题。而基于知识的供应链管理以动态的方式去对待知识,强调知识的共享与合作,关注知识的运用与知识的创新。

因此,传统的供应链管理与基于知识的供应链管理相比较,前者注重管理的"硬件"建设,强调对已有知识或显性知识的运用。比如,在库存管理中使用现代化、立体化和智能化的仓库;在配送过程中强调对车辆的调度和路线的优化;在信息管理中,强调 ERP、GIS、GPS 等技术手段的运用等。而在基于知识的供应链管理中,强调"软件"的建设,比如更加注重创造一种有利于知识共享与创新的环境等。

第二,两者的竞争优势和竞争力来源不同。传统的供应链其竞争优势和竞争力来源于知识的分工,强调的是对现有市场做出的快速反应,和对现有市场的满足。基于知识的供应链其竞争优势和竞争力来源于知识的融合与知识的共享,强调通过创造新的知识来满足顾客的需求或者潜在的需要。如本田将"汽车进化论"这一口号转化成一种全新的设计理念,开创了一代新车之先河,在日本汽车工业领域宣告了全新设计思路的诞生——人性最大化、机器最小化,使"又高又短"的新一代汽车风靡日本市场。类似例子还有很多,如佳能公司通过啤酒瓶和家用复印机的类比,使佳能在"迷你"复印机设计上取得根本性的突破,进而创造了家用复印机市场,成功地使佳能从不景气的照相机业务转向利润丰厚的办公自动化业务。这些例子生动地说明了知识时代持续的竞争优势在于知识的创新,而不仅仅在于对现有知识的运用。正如 Nonaka & Takeuchi(1991)在《知识创新型企业》中所说:"在一个'不确定'是唯一可确定之因素的经济环境中,知识无疑是企业获得持续竞争优势的源泉。当原有的产品市场开始衰落、新技术突飞猛进、竞争对手成倍增长、产品淘汰速度飞快的时候,只有那些持续创新知识,将知识传遍整个组织,并迅速开发出新技术和新产品的企业才能成功……。"

第三,传统供应链的组建与形成是一个被动过程,而基于知识的供应链形成则是一个主动的过程。传统的供应链是以需求为向导,是基于某一市场机会而组建的,随着市场机遇消失而解体。依据相对于顾客需求的执行顺序,供应链上的所有流程可以分为两类:推动流程和拉动流程。对顾客订单的反应启动拉动流程,对顾客订购预期的反应启动推动流程。在拉动流程执行中,需求是已知的、确定的;而在推动流程执行过程中,需求是未知的,因此必须进行预测。基于知识观的供应链不是一个被动接受市场需求、满足市场需求的机器,而是一个有生命力的有机组织,它在满足市场需求的同时,更重要的是通过供应链成员的知识共享,把更有价值的知识注入原有产品,甚至创造出全新的知识产品来。这一点正如宝洁所说,要挑战自己,打败我们的不是我们的竞争对手,而是我们自己,所以宝洁需要不断推出新产品。这不是来源于外界市场的挑战,而是来源于自我的挑战,而挑战自我的途径就是进行知识的创新,即将知识运用于知识的过程。这样的组织才是具有长期可持续竞争优势的组织。将知识运用于知识不仅是满足顾客现实的需要,更是要去满足顾客潜在的需要,即要去创造新的需求。

第四,基于知识的供应链使供应链成员获得了真正意义上的平等地位。传统的供应链典型结构是围绕一个核心企业来构建其供应链网络,核心企业在供应链中具有支配性的地位。因此,虽然在理论上供应链企业是以契约为基础、地位平等的主体,但在实际过程中居于核心地位的企业往往具有较强的支配和控制的权利,比如供应链中的物料采购与供应,供应链市场开发进度和范围等,都由核心企业的战略所决定,其他企业只起到从属、次要和跟随的地位。这种供应链中成员企业地位不平等的现象,在现实中屡见不鲜,如在以零售企业为核心的供应链中,核心企业往往会制定一些对供应商来说不公平的契约和协议。在制造商为核心企业的供应链中,制造商何时生产、生产多少、如何采购等都由核心企业的制造商决定,其他的成员企业某种程度上处于被动的、任人摆布的地位。而在基于知识的供应链中,各成员企业地位是平等的,成员企业在知识创新的过程中,没有大小、强弱的区分,供应链中的任何成员都可以按照自身的需要和安排进行知识的创新和共享,它们都是知识创新的主动参与者和知识创新的发起者。因此,知识改变了供应链中成员企业的地位,这时候的供应链,也许只是只有几个人的一个知识型企业,却能够和规模巨大的企业真正平起平坐,讨价还价。

基于知识运用于知识的供应链,其成员地位的平等性,是由于在知识创造的过程中,人们不能够分清楚哪部分知识重要,哪部分知识不重要,更不清楚哪部分知识比其他部分知识更重要。

综上所述,供应链管理及管理思想已经发生或正在发生一些根本性的变化,这一变化非但没有结束,而且变化会更加深远。因此,我们有理由相信,供应链管理思想变革时代的到来。上面对基于知识的供应链与传统的供应链两者在管理上的差异,可用表6.1概括。

表 6.1　两种供应链管理的差异

项目	基于知识的供应链管理	传统的供应链管理
对待知识的方式不同	动态的方式	静态的方式
竞争优势来源不同	知识共享,创造新知识,满足潜在需求	分工,快速反应,满足现有市场
供应链形成不同	主动	被动
成员地位不同	真正平等	实质不平等

第二节　供应链中知识流动性研究

一、供应链的知识流模型

从上一节可知,基于知识的视角,供应链是一个知识的供应链,是一个知识的系统。但供应链中的知识不是一个存量的概念,供应链中的知识不仅仅是储存在供应链中的个人、组织和企业之中属于其所有者"私有"的资源。供应链中的知识是流动着的。传统的供应链管理主要围绕物流、信息流、资金流这"三流"展开,忽视了对供应链中知识流的研究。正如 Desouza(2003)指出,知识流的任何中断对供应链而言都将产生无数的协同问题。但无论是理论界或企业界,对于供应链知识流的认识还不够深入,对其流动规律还不甚了解,还有大量问题有待不断地探索和研究。本节构建了供应链知识流的一个理论模型,模型从三个层次刻画了供应链中的知识流,分析了影响供应链知识流动的主要因素,探究了知识流与供应链价值创造的关系。

知识作为供应链中关键性的资源,它不但可以伴随着物流过程而转移,而且可以作为独立的要素在供应链中流动。知识的流动形成知识流,每一个知识流都发生在通过链(Channel)连接着的源(Source)和目标(Target)之间(Gupta & Govindarajan, 2000)。根据通信原理(Communication Theory),任何交流的发生应包括信息、发送者、编码方式、信息传输链、解码和接受者等基本要素。因此,供应链中任何知识流的形成,应该有作为知识流源(发送者)和知识流目标(接受者)的节点企业,以及知识本身(信息)、传输媒介(渠道或链)及沟通方式(编码)等几个要素。

图 6.2 为所构建的供应链知识流模型。在模型中供应链由上游的供应商、制造商,下游的分销商及消费者构成。带箭头的线为知识流的流向,用 F 及其

下标表示。VC 表示随着知识的流动所引起的供应链价值的变化。影响因素是指供应链中影响知识流动的因素。制约供应链知识流动的因素是多方面的,本书认为知识流主要是供应链知识共享机制、节点企业的吸收能力、知识传输链/沟通方式、隐性知识所占的比例等几个变量的函数,它们共同作用影响供应链知识的流动及知识流的形成。

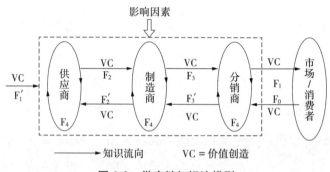

图 6.2　供应链知识流模型

根据该模型,供应链知识流可分为三个层次,即:供应链层、节点层和个人层知识流。

①供应链层知识流。基于知识的企业理论,供应链可视为一个知识交换系统:知识作为供应链生产的投入要素,同时也作为供应链产出的结果。流 F_1' 表示从外界流入供应链系统的知识,其来源主要包括大专院校、科研院所及一些公共知识提供部门等;流 F_1 为知识的流出,表示供应链向市场(消费者)流出的知识,这反映了供应链向顾客提供的最终价值的大小,体现了供应链的竞争力。流 F_1' 和流 F_1 说明供应链应该是一个开放的系统,供应链从外界不断吸取知识,通过供应链系统加工生产后,又对外界提供知识(产品)。

②节点层知识流。节点层知识流是指知识在供应链节点企业之间的流动。在图 6.2 的模型中,节点层知识流主要包括供应商和制造商、制造商和分销商、分销商与顾客等之间的知识流动。

供应商和制造商之间的知识流,用流 F_2 和流 F_2' 表示。其中流 F_2 主要是供应商把有关原材料的知识传递给制造商,包括供应商的库存情况、物流系统状况、原材料的各种性能指标、使用参数、原材料的替代性、新型材料的选取和使用等;流 F_2' 中包括制造企业的生产计划、采购计划、主要生产技术及手段、技术改造目标、原材料(部件)使用过程中的各种反馈信息等。

制造商和分销商之间的知识流,用流 F_3 和流 F_3' 表示。流 F_3 是制造商把产品知识转移给分销商,包括制造商的产能情况、产品使用说明、产品的质量标准、设计参数、性能指标、服务支持等。流 F_3' 是市场知识从分销商流向制造商,包括分销商的预销售计划、市场价格信息、质量反馈信息、经过加工整理的顾客反馈意见等。

分销商和消费者之间的知识流,用流 F_0 和流 F_1 表示。流 F_0 主要是关于消费者的市场信息,包括消费者的偏好、消费者使用产品的反馈意见、从消费者那里能够获知的竞争对手的情况等。流 F_1 表示由分销商流向消费者的知识流,值得注意的是,流 F_1 同时也是整个供应链知识的流出,即整个供应链知识的流出是通过分销商知识的流出来体现的。

③个人层知识流。其在模型中用流 F_4 表示。个人层知识流是指节点企业内部的知识流动,包括节点企业内部个人之间的知识流动及个人与组织间的知识流动两种情况。个人层知识流主要是员工个人技能等隐性知识及组织知识的流动。

二、供应链知识流动的影响因素

供应链中的知识流一部分可以由知识的自然扩散而形成,这是一种偶然的和无规律的知识流。但供应链竞争优势不能仅仅依靠供应链中知识的自然扩散,更重要的是要研究制约供应链中知识流形成的因素,掌握知识流形成及流动的规律,以达到能够主动对供应链知识流进行控制和管理的目的。影响供应链知识流动的因素是多方面的,本章主要基于供应链知识共享机制、节点企业的吸收能力等几个因素对供应链知识流动的影响进行研究。

1. 知识共享机制与供应链知识流动

知识流形成的要素之一是要有一个知识流源。根据通信原理,这个知识流源作为知识的发送者,必须愿意向供应链知识流目标(接受者)发送(共享)自己的知识,否则知识流就无法形成,即知识共享是知识流形成的前提。

Soekijad & Andriessen(2003)认为知识共享包括知识被转移、分配及创造三个过程。虽然供应链知识共享能够增加供应链整体及共享主体自身的价值,然而供应链中存在的诸多问题,如知识共享过程中知识开放和保护的困境,成员搭便车的机会主义行为等,严重影响了知识共享活动的开展,导致供应链知识共享成为一个囚徒困境。因此,在这一过程中,理性地追求自身利益最大化的组织或个人总是希望尽可能获取别人的知识而少付出甚至不付出自己的知识(Larsson et al.,1998),供应链中有规律的知识流很难自然而然地发生。为促进供应链知识的顺畅流动,需要在供应链中建立一种良好的知识共享激励机制,来促使供应链成员企业开放自己的知识库,使供应链中的知识主体都能够成为知识流形成过程中的知识流源。而且知识共享机制越有效,越能够激励知识源共享其知识,降低供应链在搜寻、获取和使用知识过程中的成本,更好地改善供应链的绩效。

2. 吸收能力与供应链知识流动

知识共享机制保证了供应链中的知识主体愿意共享其知识,但知识流的形成不仅仅取决于知识流源的这种意愿,而且还取决于知识流目标对知识的吸收能力。Cohen & Levinthal(1990)提出吸收能力(Absorptive Capacity)的概念,吸收能力是指一个公司识别新的、外部有价值的知识,吸收并把它应用到商业领域的能力。在 Cohen & Levinthal(1990)所提理论的基础上,本章定义供应链的吸收能力是指供应链识别知识、吸收(消化)知识,并把知识转化为产品的一种能力。对供应链而言,其吸收能力可分为三个层次:供应链的吸收能力、节点企业的吸收能力及个人的吸收能力。所有个人的吸收能力和节点企业的吸收能力构成了整个供应链的吸收能力,但供应链的吸收能力并不等于节点企业和个人吸收能力的简单相加。

供应链吸收能力的形成与以下两个因素有关:一是与供应链先前积累的知识水平有关,正如 Cohen 等所说"这能力是公司先前已经积累的相关知识水平的函数",因此供应链知识存储越丰富,其吸收能力越强;二是与知识流源和知识流目标两者的双边特征有关系,如果它们的兼容性越好(知识类型相近、知识的重叠部分较大、人力资本层次接近等),那么从知识流源发出的知识就越容易被知识流目标所接受,节点企业的吸收能力就越强。吸收能力作为一种支持知识的创造和使用的动态能力(Zahra & George, 2002),供应链可以通过对其吸收能力的培养和提高,来促使供应链知识流的形成,且吸收能力越强,越有利于供应链中知识流的形成。

3. 知识传输链、沟通方式与供应链知识流动

知识从发出者到被接受者接受,必须借助于一定的知识传输链和沟通方式来实现。知识传输链是指知识从发送者到接受者必须借助的物理媒介,如果没有传输链的存在,知识流就不可能发生(Gupta & Govindarajan, 2000;Ghoshal & Bartlett, 1998)。传输链的性质,如链的多样性及链的带宽等都将对知识的流动产生很大的影响,知识传输链的性质越优良,越有利于减少知识由发送者到接受者之间的破损程度,保持知识传递过程中的完整性。

沟通方式是指知识以何种方式在发出知识和接受知识两者之间进行编码和解码。由于供应链中知识的多样性及知识发送者和接受者在对信息理解能力等方面可能存在较大差异,不同沟通方式将影响知识流动的速度及知识流动的成本,不当或单一的沟通方式将制约和影响知识流的形成,进而影响整个供应链知识利用的效率,因此,在供应链中丰富的沟通方式是供应链知识流有效形成的有力保障。

优良的传输链和丰富的沟通方式对供应链中的知识主体有着正向的激励,在这样的环境里面知识发送者更加乐意发送知识,知识接受者也更加乐意去接

受知识,因此传输链和沟通方式将从知识的流入和知识的流出两个方面影响知识流的形成。

4.隐性知识的比例与供应链知识流动

知识可分为显性知识和隐性知识两类。根据知识流中知识的类型,知识流可以分为隐性知识流、显性知识流和混合知识流(知识流中既有隐性知识又有显性知识)三种,前两种可视为混合知识流的特例。由于显性知识容易编码,可以通过会议、散发文件等方式大规模地传播和转移;而隐性知识是"黏性"的、复杂的、不容易编码的,在传播方式上只能选择小群体、密集互动方式,如面对面、师傅带徒弟等方式传播。除此之外,由于隐性知识往往是一个企业的核心资源,企业可能保守和控制这类知识的共享与传播。所以显性知识流比隐性知识流更容易在供应链中流动,且混合知识流中隐性知识所占的比例越大,越不利于知识的流动。

虽然隐性知识会影响知识的流动,进而影响知识流的形成,但与显性知识相比,隐性知识更可能导致其拥有者具有可持续的竞争优势。在知识流中,隐性知识在知识流中所占比例越大,说明知识流的价值越高,因此,供应链应该重视隐性知识流的管理。

三、知识流动与供应链价值创造

供应链管理可以视为价值创造的活动(Spekman et al.,2002),其目标是追求供应链整体价值的最大化。Chopra & Meindl(2001)指出,供应链所创造的价值,就是最终产品对于顾客的价值与供应链为满足顾客的需求所付出的成本的差额。由此可得,供应链价值创造有两种途径:一是降低供应链的成本;二是增加顾客价值。知识在供应链中的流动,可以从以上两个方面对供应链价值产生影响:第一,知识的流动可以降低供应链的成本。知识在供应链中充分流动,一方面可以降低供应链成员企业发现知识、获取知识和创新知识的成本,以及降低供应链在知识方面的协调成本;另一方面,知识流动可以提高供应链中知识对产品的替代率,以此来实现供应链成本的降低(Boisot, 1998)。第二,知识的流动可以增加顾客价值。产品的竞争归根结底是产品中知识的竞争,顾客购买产品,是为了消费产品的核心价值,即知识带给顾客的价值。知识的流动增加了整个供应链中知识的密度,有助于提高产品或服务的知识含量,增加顾客的价值。在这个过程中,知识流动越充分,越有利于供应链降低成本和增加顾客的价值。

知识在供应链中的顺畅流动是供应链成功的关键因素之一。对供应链知识流的管理是供应链创建和保持持续竞争优势的一种战略能力。由于知识流具有与物流、信息流、资金流不同的性质和流动规律,因此,明晰供应链的"知识流"及其形成机制,找出知识流动规律及其制约因素是有效开展供应链知识流管理的前提和基础。本研究加深了对供应链知识流动规律的认识,所得的结论对供应链知识流管理实践有一定的指导意义。

第三节　供应链知识共享层次及全息性质

一、供应链知识共享层次

供应链知识共享是供应链不同知识主体间的一种知识共享活动。根据参与知识共享活动的知识主体的不同,供应链知识共享可分为三个层次:个人知识共享、个人与组织间的知识共享、组织之间的知识共享。这里的组织指供应链的各成员企业。

供应链知识共享的三个层次,它们不是孤立的,而是相互联系的一个整体,共同构成供应链知识共享的网络。如果把供应链知识共享网络视为一个立体的图式,个人知识共享处于这个网络的底层,组织知识共享处于网络顶层,在个人与组织之间还存在着大量个人和组织间的知识共享活动,即个人与组织间的知识共享。图6.3反映了三者之间的关系。

供应链这种多层次知识共享网络结构,是由供应链本身特点所决定的。供应链节点企业间不是简单的买卖关系,节点企业在物流、资金流和信息流等方面都与其上游的供应商和下游的经销商有着不可分割的联系,这种联系,有个人层面的,有组织层面的,还有个人和组织之间的,从知识的角度就表现为节点企业与其上下游企业以及节点企业内部的多层次知识共享活动。

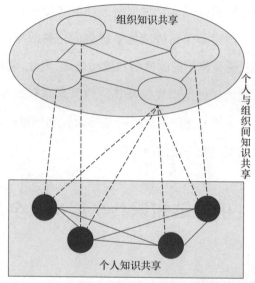

图6.3 供应链知识共享的层次模型

二、供应链知识共享层次的全息性质

"全息"(Holon)是整体也是部分。单词"Holon"是1967年由亚瑟·科斯特勒(Arthur Koestler)创造的。"全息组织"(Holonic Organization)有时候用来描述社区和组织这样的社会结构。例如,家庭小组拥有社区的某些组织特征,而社区又拥有市镇、城市的某些组织特征。全息组织是一种比喻,它似乎是与组织结构怎样自组织相关的一系列思想。从全局的或全息的观点出发,组织的每一个部分都是全局的某种反应。Verna Allee(1997)把全息的比喻拓展到知识，认为单个知识节点反映了与事务部门或团队相似的知识结构。反过来，更大的知识节点，反映了与组织整体相似的知识特征。

根据 Verna Allee(1997)的研究，我们可以得出供应链知识共享层次的各个层次具有全息的性质。这一性质说明无论是个人与个人间的知识共享，还是个体与组织间的知识共享，还是组织间的知识共享，就参与者而言，无论其处于何种层次，它们的性质是一致的，即在同样的制度下，他们的行为是相同的。供应链知识共享的全息性质说明供应链知识共享的参与者具有相同的行为特征。所有参与者都符合经济学理性假设。全息的性质使我们在合约机制设计过程中可以忽视不同参与者的差异，拓展了本书构建的合约机制适用范围。

第四节　供应链知识共享的囚徒困境

一、供应链知识共享中的囚徒困境分析

知识共享的实现最终是靠参与者之间的行为来实现的，而且参与者的行为决定知识共享的最终结果。对供应链而言，供应链成员企业在知识共享过程中很难采取合作、一致的行为，即使这种行为能够增强成员企业本身及供应链整体的价值。

供应链知识共享是供应链成员企业利用各自的知识优势，进行知识生产、知识创新的过程，不是简单的知识交易或买卖。供应链中的知识共享与其他有形资源的共享相比，具有以下几个特点：第一，在合作过程中如果一个成员越努力，那么其他成员的生产效率就会越高，即成员的行动具有交互性。第二，知识共享不仅仅是供应链成员各自知识的简单相加，合作能够获得"团队益品"（Team Good）。比如，供应商和生产商单独使用各自的知识，每人获得的价值是

50元,如果一起工作就能够获得120元。这是因为一起工作时,每个人的生产效率都会因为另一方努力地工作而得到提高。第三,知识共享过程中单个成员对总产出的边际贡献不可衡量,只能观察到一个总的产出。故而,对追求供应链整体利益最大化为目标的供应链而言,在组织实现上,应该选择"团队生产"的方式(Alchian & Demsetz,1972)。

正如曼瑟尔·奥尔森(Mancur Olson,1971)所说"有理性的、寻求自我利益的个人不会采取行动以实现他们共同的或集团的利益",供应链成员企业不会对知识共享这种能够增进自身以及整个供应链价值的行为表现出像在其自身内部一样的热情,结果造成了供应链中的知识资源处于一种闲置状态,没有得到有效的利用。原因主要有以下三点:其一,知识共享是智力资本的生产过程,存在大量的不对称信息;其二,部分成员垄断知识;其三,由于知识共享的结果使整个供应链受益,从而存在"搭便车"的行为。上述原因中的任何一个存在,就会出现如Gary Miller(1993)所说的"将导致市场失灵"。在供应链知识共享中,假如制造商和供应商的支付如图6.4所示,在这一博弈过程中,参与双方都有"共享"或"不共享"两种战略可以选择。从图6.4可知,供应商和制造商都选择"共享"战略对参与双方及整个供应链而言都是最优的。

<table>
<tr><td></td><td></td><td colspan="2">供应商</td></tr>
<tr><td></td><td></td><td>共享</td><td>不共享</td></tr>
<tr><td rowspan="2">制造商</td><td>共享</td><td>w, w</td><td>$-y, w+x$</td></tr>
<tr><td>不共享</td><td>$w+x, -y$</td><td>$0, 0$</td></tr>
</table>

图 6.4　供应链知识共享的困境

然而,在理性的约束下,如果制造商采取"共享"战略,那么,供应商采取"不共享"战略反而会收益更多;反之亦然。在这一博弈过程中,双方都有"不共享"的占优战略。

因此,在知识共享过程中,没有成员愿意合作,其结果只能是(不共享,不共享)。这是一种次优的均衡,导致整个供应链遭受非最优产出。

二、供应链知识共享囚徒困境的解决机制

供应链知识共享的困境表现在很多方面，Dyer & Nobeoka（2000）把它归于三个根本的困境（Dilemmas）：第一个困境是如何激励自利的网络成员参与到网络中来并对其他网络成员开放自己有价值的知识（Wood & Gray，1991）；第二个困境是"集体行动"或"搭便车"的问题；第三个困境是在一个由许多个体组成的群体中如何最大化知识转移效率的问题。在管理实践和理论的研究中，人们就如何解决供应链知识共享中的困境做了有益的探索和尝试。

在管理实践上，丰田网络通过以下三种不同的途径成功克服了知识共享过程中的困境：其一是激励成员参与并开放共享有价值的知识；其二是阻止搭便车；其三是减少发现和进入不同类型有价值知识联系的成本。在理论研究上，安小风、张旭梅和张慧涛（2008）指出可以利用改变供应链成员企业的偏好，使用显性合同，利用隐性合同，以及进行重复博弈等方法来打破供应链知识共享的囚徒困境。

供应链知识共享的囚徒困境，为知识共享过程中成员的大量不合作行为及知识共享开展的低效率提供了一种合理的理论上的解释，同时也反映了成员个人理性与供应链整体理性的矛盾。现代经济学认为，解决个人理性与集体理性之间冲突的办法不是否认个人理性，而是设计一种机制，在满足个人理性的前提下达到集体理性。

这种机制在本书的研究，主要是使用合约机制和通过道德市场的设计得以实现。

使用合约机制的主要原因在于两个方面：一是供应链是由企业连接在一起的，从组织结构上讲和科层制的等级制度不同；二是供应链成员企业间的关系是一种委托—代理关系，而解决委托代理问题的主流经济学方法是通过设计合约来实现。

使用道德市场作为知识共享的一种激励机制，其原因在于以下几个方面：

一是经济学上对道德的讨论是基于理性人的假设;二是在社会组织中"道德"可以作为一种道德产品出现,即道德具有供给、需求、成本收益等产品的性质;三是道德可以自发形成,但作为一个社会机制使道德更需要通过有计划地创造和传播来实现;四是道德具有规模经济性,即组织中具有道德美德的人越多,道德的收益就越大。通过道德市场机制来影响知识共享参与者的偏好,从而影响人们改变其行为,是促进供应链知识共享的有效途径之一。

第五节　供应链知识共享的空间模型

一、供应链知识共享的空间的特征

空间经济理论被视为不完全竞争与收益递增革命的第四次浪潮,它为人们研究区位理论和解释实现经济现象提供了新的视角和方法。正如第二章第二节所说,如今,空间理论已经被运用到各个研究领域了。在供应链实践和研究过程中,"空间"这一因素还没有引起人们的足够重视。但值得庆幸的是,空间理论的主要开创者 Fujita & Thisse(2006)把空间理论运用到对供应链的研究,笔者相信这样的研究会越来越多,空间理论必将为供应链的研究打开一个新窗口,为已有的供应链理论注入新的内涵与活力。空间理论一个新的研究拓展是将其运用到知识创新领域,Berliant & Fujita(2008),Berliant、Reed & Wang(2006)从空间视角研究了知识创新和知识共享问题。综合上述研究——把空间理论运用到供应链和知识领域的研究基础上,本书把空间理论运用到供应链知识共享的研究中来,探索供应链知识共享的空间特征,构建供应链知识共享的具体空间模型,并把供应链知识共享的整个研究依托在空间这样一个背景下开展起来。供应链知识共享的空间特征表现在如下四个方面。

第一,供应链中的知识不是存放在员工大脑里面的,而是在整个供应链中流动的。

第二,供应链中的知识共享是分层次的,这是一个交错、网络化和立体化的共享环境。

第三,供应链知识共享活动不是一件一蹴而就的事情,它需要一定的时空来实现和完成。

第四,供应链知识共享的空间由有形空间和无形空间所构成,各个空间彼此独立又相互重叠。

另外,李京文等(2002)在其著作《知识经济与决策科学》中提到的"留空间""位空间"等空间概念,陈秉钊、范军勇(2007)的《知识创新空间论》都可以视为在知识领域对空间的一种开创性的探索。

二、供应链知识共享的 I-T-P 空间模型

知识与空间有着天然的联系,也许只有把知识纳入空间加以研究才能够更好地展示出知识深藏着的真面目。Boisot(1998)把编码、抽象和扩散三个维度放到一起使之成为一种统一的、完整的表示方法:I-T-P 空间,在这个框架里,作者研究了知识的创造和扩散。国内学者陈秉钊、范军勇(2007)的著作《知识创新空间论》等皆是如此。本章研究供应链中知识共享问题,遵循这种研究范式,试图去构建供应链知识共享的空间模型。我们选择信息(Information)、偏好(Preference)和任务(Task)作为供应链知识共享空间的三个维度来构建供应链知识共享的三维空间模型,如图 6.5 所示,因为现有文献和理论都佐证信息、偏好和任务是影响供应链成员参与知识共享的三个最主要因素。只是在本章研究中,我们首次把这三个因素纳入一个整体框架中加以分析,而且在本章的研究中,这三个维度又代表了三个空间:信息维度代表了信息空间,偏好维度代表了偏好空间,任务维度代表了任务空间。

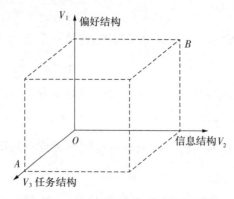

图 6.5　供应链知识共享的空间模型

基于空间理论或空间视角,一个空间不是单独存在的,而是由不同的空间所构成的,因此,构成供应链知识共享空间的三维坐标轴,本身又是一个空间,即信息维度由信息空间构成,任务维度由任务空间构成,偏好维度由偏好空间构成。为此,本书用三个独立章节分别构建了信息空间、任务空间、偏好空间以及在不同空间中的激励机制。需要说明的是,这些空间是相互交错叠加的,不是彼此分离的。

第六节　本章小结

从逻辑上讲本章是本书研究的起点,但这一章所呈现的内容,包括第一节提出的基于知识观的供应链及供应链管理,第二节对供应链中的知识流动性研究,第三节对供应链知识共享层次及全息性质的研究,第四节供应链知识共享的囚徒困境,以及第五节提出的供应链知识共享的空间模型等,属于本书研究成果的重要组成部分,是作者对研究课题长期思考后的集中体现。从作用上说,这为后续内容的展开拉开了帷幕,起到统领后续研究的作用。

第七章

7

供应链知识共享决策信息空间模型及合约机制设计

决策的重要性对管理而言是不言而喻的。决策理论学派甚至认为管理即决策。但人在做决策的时候总是会受到很多因素的干扰,从而影响决策的质量。在众多影响决策的因素中,信息可能是最不容忽视的。本章构建了供应链知识共享决策信息空间模型,利用空间模型探讨了信息在决策过程中的作用机制,且设计了在道德风险和逆向选择下的合约机制,进而揭示信息的本质以及信息与合约的关系。

第一节　引　言

知识共享是供应链获得持续竞争优势的源泉(Dyer & Hatch, 2004)。然而,除丰田、戴尔等少数企业供应链知识共享获得成功外,绝大多数企业供应链知识共享并没有取得预期的效果。知识共享在理论上能够给供应链整体及其成员带来的好处在实践中并没有出现,相反,在知识共享中,供应链成员面临"不共享"的占优战略这样一种决策环境,使供应链成员在知识共享中陷入囚徒困境的尴尬局面。从决策角度看,供应链知识共享的结果是所有参与者决策的函数,决策在知识共享中的重要性已引起学者们的重视,如 Samaddar & Kadiyala (2006)认为共享决策影响共享资源的使用,并通过博弈模型研究了知识共享决策的过程,Bandyopadhyay & Pathak(2007)研究了在外包过程中知识的互补性对各方知识共享决策的影响等。然而,目前的研究忽视了对决策信息的考察,没有给予决策背后信息或信息结构足够的重视,实际上任何供应链知识共享决策的过程,都是在不可见信息过程的引导下完成的,在理性的假设下,知识共享决策差异背后隐藏的是信息及信息结构的差异。

为此,本章重点研究以下几个问题:一是分析了知识的产权属性等三个因素对供应链知识共享决策的影响;二是企图建立供应链知识共享决策信息空间模型,形成统一的分析供应链知识共享决策的理论框架;三是研究决策信息不对称问题及合约机制的设计。

第二节　供应链知识共享决策信息空间模型

一、供应链知识共享决策影响因素分析

以赫伯特·亚历山大·西蒙(Herbert Alexander Simon)为代表的决策理论学派认为决策是管理的核心,甚至认为管理即决策,可见决策对管理的重要性。然而,决策主体在决策过程中往往会受到诸多因素的影响和制约,对供应链知识共享决策而言,知识的产权属性、知识的资本性及知识的测度性等几个因素对供应链知识共享决策有着重要的影响。

1.供应链知识的产权属性

经济学上的产权是指使用权、收入享受权和自由转让权等一系列权利的组合。供应链知识的产权属性指供应链中的知识都有其明确的拥有者,或属于供应链中的个人、组织(企业)或整个供应链所有,知识拥有者对知识享有支配、享受和自由转让等权利。由于知识是以其拥有者为载体的,与其拥有者浑然一体不可分割,因此,知识共享与其他有形资源的共享差异在于有形资源的共享可以在违背其产权拥有者意志下通过外力获得,而知识的共享只有在尊重其拥有者意愿的前提下才可能真正实现,即使是知识主体在外力下不得不共享出自己的知识,他仍可以隐藏其关键的部分知识。

清晰的产权界定是一个组织成功合作的基础,但产权是不完全的,对供应链而言,当新知识被创造和知识的价值被重新发现时,就需要对知识的产权做重新的界定,因此,供应链知识产权的界定是一个不断进行和不断完善的过程。

2.供应链知识的资本性

供应链知识的资本性是指知识对其拥有者或供应链中其他成员而言是有价值的,并且知识资本具有资本追求获利的本质特征。供应链中的知识可以分

为共有知识、唯一性知识、互补知识等几类。共有知识是指供应链中所有成员都有的知识,共有知识的共享价值不大,供应链知识主体在共有知识上的差异仅仅表现在拥有量上的差异。由于知识的复制成本很低,因此共有知识不是知识共享关注的重点。供应链需要共享的知识主要是其成员的唯一性知识和互补知识。

唯一性知识是指在供应链中只有某一成员所有,而其他成员没有的知识。唯一性知识对其拥有者而言是一种权利,它保证了知识主体在供应链中的竞争地位,唯一性知识的共享会降低知识的唯一性,从而削弱知识主体在组织中的权利(Lee & Ahn, 2007),因此供应链成员不愿意共享其唯一性知识。

Bandyopadhyay & Pathak(2007)把知识的互补性定义为两个人在技能系列上的差异,比如在外包过程中,一方企业员工具有市场分析能力,另一方员工具有使用 Java 编程能力。互补知识是指需要不同成员知识组合才能够实现其价值的知识。供应链的分工与合作使供应链中存在大量的互补知识,拥有互补知识的供应链成员如果共享其互补知识,会创造出更大的整体利益。传统的观念认为,只要通过转移支付等方法就能够使具有互补知识的成员达成合作。然而,知识共享是一个囚徒困境(Angel Cabrera & Elizabeth F. Cabrera, 2002),对供应链整体及成员都有利益的事情其合作不一定能够达成。而且,相关的研究也证明供应链的合作并非对双方是有利的(Bowon Kim, 2000),知识共享中也是如此,当供应商与制造商共享知识后,制造商反而可能降低对供应商的采购。

3. 供应链知识的测度性

供应链知识共享的测度性,是指对知识的测评与度量,知识共享与其他有形资源的共享比较,知识共享的测度性差,其表现在很多方面。

首先,对知识的数量和知识的质量难以测度。相关文献的研究为此提供了一些有价值的参考和借鉴,如 Davenport et al. (1996)和 Zack (1999)提出了知识单元的概念,其可以用来作为衡量知识主体拥有多少知识的一个数量单位;而 Lin et al. (2005)提出的知识对公司绩效的潜在贡献差异可以视为衡量知识质量的一个指标,Lee & Ahn(2007)用知识的边际贡献率模型化了这一差异。但实践中如何测度知识的数量和质量仍然是一个需要不断探索的问题。

其次,知识共享的过程难以测度。因为知识共享不是简单的知识买卖关系,知识共享往往包括了知识使用与知识创新等系列复杂的过程,我们无法衡量在这一过程中参与成员的付出(努力)情况,知识共享过程中搭便车等问题也因此难以避免。

最后,知识共享的结果难以测度。一是不同资源和不同因素在知识共享结果中所做的贡献难以区分,如难以区分知识和其他资源在知识共享中的贡献。二是知识共享结果的价值难以衡量,包括两个方面:一方面,由于知识共享将使整个供应链成员受益,对受益的成员他们可能会低估知识共享带给他们的价值;另一方面,知识共享的产出(结果)影响具有滞后性,比如知识共享的某项成果,需要几年或更长时间才能够充分体现出其价值。

一个测度性差的组织长此以往必然是低效率的,寻求不同测度知识共享的手段和方法,提高组织在知识共享过程中的测度能力,是供应链知识共享一个迫切需要解决的问题。

二、供应链知识共享决策的信息空间模型

影响因素对供应链决策而言是一种局限,而行为主体的决策也正是在各种局限条件下做出的权衡和选择。那么,在影响因素与供应链知识共享行为主体之间是如何联系的呢? Boisot(1998)认为事物与行为主体之间的联系是通过信息建立起来的,而不同事物的差异仅仅在于为行为主体提供了不同的数据。因此,虽然各种影响供应链知识共享决策的因素有着不同的产生机制和不同的具体形态,但最终都以信息的方式与知识共享行为主体发生联系并影响行为主体。在这一思想下,可以把影响因素、信息和行为主体的关系融合在一个完整统一的框架之中,这一框架我们称为决策信息空间。

信息空间是 Boisot(1998)为研究知识资产而提出的一个理论分析框架,通

过这一框架可以方便地研究信息的流动、知识资产的形成及信息与知识资产的复杂关系等问题。信息空间不但能够为知识和信息问题的研究提供一个理论上的支持，而且信息空间这一概念已经被运用到更广泛的研究领域（李宝莹，毕巍强，2002）。建立决策信息空间模型的首要任务是要解决信息空间的维度问题。空间维度太少，如一维，这种情况下信息传递的效率最高，但空间信息容量有限，模型仅仅适用于特殊个案分析；维度太多虽然可以更为真实地刻画决策信息环境，但多维空间容易导致信息传递的失真，决策成本过高等问题，这将使模型失去其在管理上的意义。在最小信息量（空间的信息刚好可以满足决策信息的需要）原则下，结合供应链知识共享决策的实际环境及相关文献研究成果，我们认为决策信息空间可由以下三个维度构成，即知识的产权属性、知识的资本性、知识的测度性，因此，以产权属性、资本属性及测度性为坐标轴构成了供应链知识共享决策的三维信息空间，如图7.1所示。

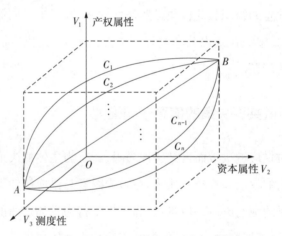

图7.1　供应链知识共享决策信息空间模型

在决策信息空间上任一点的信息都是三维坐标的一个组合，因此空间上的信息是一种有结构的信息。在供应链知识共享过程中，不同知识主体所具有的决策信息都与信息空间的某个点相对应。决策信息空间模型上任意两点间在理论上都有若干条路径可以抵达，如从信息空间上 A 点到 B 点，可以有 C_1、C_2 到 C_n 条路径通达。

三、信息不对称类型及合约的作用机制

决策是理性人在一定信息基础上做出的判断和选择。信息空间提供了决策所需要的信息,同时也为行为主体之间相互隐藏信息提供了可能,故而造成供应链成员在信息空间中处于信息不对称的地位,降低了决策的效率和质量。按照信息经济学的分类,信息不对称问题可分为两类:一类是隐藏信息(又称逆向选择);一类是隐藏行动(又称道德风险)。

供应链知识共享过程中的道德风险是指在知识共享过程中,决策一方为了获取更大的利益而对另一方隐藏自己的信息,例如在知识共享过程中,供应链成员可能隐藏自己的真实成本信息,向共享一方谎报更高的知识共享成本。而逆向选择是指在知识共享过程中,参与知识共享的供应链主体的行为难以监督,知识共享过程中决策主体行为本身是一种信息障碍,成员搭便车偷懒等皆因此而起。

信息不对称是如何产生的,信息空间模型可以给予一个很好的解释,信息空间的产权维度为行为主体隐藏信息提供了可能性,而资本维度为行为主体隐藏信息提供了必然性,测度性则使信息障碍问题长期存在,这三个维度相互影响,互为前提。因此,这种信息不对称贯穿知识共享始终,深刻影响着成员企业的博弈行为,而且在信息空间形成机制没有改变之前,信息障碍必然存在,道德风险和逆向选择问题也必然存在。

许多学者(如 Corbett et al. ,2005;Frascatore & Mahmoodi,2008;Reyniers & Tapiero,1995)都对不同环境下的供应链合约进行了研究。经济学理论(激励理论、合约理论等)已经证明合约或合约设计是解决信息不对称问题的有效途径,因此,解决供应链知识共享决策过程中信息不对称问题可以通过激励合约的设计得以实现。

我们认为一个更加根本性的问题,是要弄清楚合约为什么能够起到激励作用? 换言之,合约的作用机制是什么? 由于本章的研究是基于决策是理性人在

一定信息基础上做出的判断和选择这样一个基本前提,因此,合约的激励,在于合约使决策主体面临的信息结构发生了改变,从而导致决策和决策行为发生改变。从决策信息空间来看,信息结构的改变直观上体现为决策主体在信息空间上的位置发生了位移。要使空间位移由一个点向另一个点移动,在理论上有无数多种合约可以实现。如图 7.1 所示,由 A 点到达 B 点,可以有合约 C_1 到 C_n 等 n 种合约,但不同的合约,其效率可能不同。对供应链知识共享而言,使用合约机制,就是要通过合约设计来找到在信息空间中最优的信息结构改变路径。

最后,我们还需要回答合约为什么能够改变决策主体的信息结构。基于信息空间模型,我们认为合约具有触发信息空间的维度变量的功能,通过对信息空间维度变量的撞击而改变决策主体的信息环境来实现。

第三节　道德风险下最优合约机制设计

一、模型描述及代理权利安排

使用委托代理理论时,首先要考虑的是如何赋予参与知识共享的人不同的决策权。这里考察由一个供应商和一个生产商组成的两级供应链中委托代理权利的安排问题。假设供应商拥有生产商需要的知识,且知识共享的结果取决于供应商的努力。在知识共享的博弈过程中,为推进知识共享活动的开展,需要有一方先行动。在所考察的模型中,假设在市场竞争压力下,由需求知识的生产商首先向供应商发出知识共享的缔约邀请,拥有知识的供应商决定是否接受邀请。按照委托代理理论,发出邀请方作为合约委托人,受邀请方作为代理人。因此,生产商作为合约的委托人,供应商作为合约的代理人,作为委托人的生产商按照自身利益最大化原则设计知识共享合约,作为代理人的供应商选择接受或拒绝合约。一旦供应商选择接受合约,就必须努力完成合约的规定并获得合约规定的支付以作为其在知识共享中的补偿和收益,否则将受到相应的惩罚。

支付作为合约的主要内容之一,在很大程度上决定了委托人提供的合约是否对代理人具有激励作用。以下分别考虑代理人的努力水平完全信息和努力水平不对称信息情况下最优支付机制。

二、努力水平完全信息的最优支付机制

生产商提供知识共享合约的目的是希望通过供应商的努力把其拥有的知识转化为生产商产品的知识含量,提高产品的竞争力,进而提高整个供应链的销售量(或称为知识共享得到的产出或结果)。在努力水平完全信息情况下,供应商的努力水平能够被生产商或独立的第三方,如法庭等观测并证实。供应商在知识共享中的努力用 e 表示,努力对供应商来说是一种成本,用 $v(e)$ 表示努力的负效用水平; q 表示得到的销售量, $q = \varphi(e, \varepsilon)$, ε 为市场随机因素,因此,产出 q 也是个随机变量,它不仅取决于供应商的努力,还受随机因素的影响,其可能结果从小到大排序后用有限集合 $q = \{q_1, q_2, \cdots, q_n\}$ 表示。用 $\mathrm{Prob}\left[q = \dfrac{q_i}{e}\right] = p_i(e)$ 表示当努力为 e 时 q_i 发生的概率,这一先验概率为合约双方的共同知识,对所有的 i ,有 $p_i(e) > 0$, $\sum\limits_{i=1}^{n} p_i(e) = 1$ 。供应商从知识共享合约中所得的支付用 w 表示, w 依存于产出 q : $w = w(q_i)$,用 $u(w)$ 表示供应商从支付中得到的效用。用 p 表示产品的市场价格; θ 表示生产商的不变边际成本;设供应商的保留效用为 $\underline{U} > 0$,表示要让供应商接受合约,合约提供给他的预期效用不应低于他的保留效用 $\underline{U}$ 。

假设生产商是风险中性的,供应商是风险规避的。对生产商而言,其收益为: $\prod = pq - \theta q - w = q(p - \theta) - w = \sum\limits_{i=1}^{n} p_i(e)[q_i(p - \theta) - w(q_i)]$;供应商的效用函数为: $U[e, w(q_i)] = u[w(q)] - v(e) = \sum\limits_{i=1}^{n} p_i(e)u[w(q_i)] - v(e)$,其中

$u'(w) > 0, u''(w) \leqslant 0; v'(e) > 0, v''(e) \geqslant 0$，表明供应商付出努力越大，对他来说成本越高，负效用越大。

因此，最优合约关系为(P^1)的解：

$$\max_{[e, |w(q_i)|_{i=1,\cdots,n}]} \sum_{i=1}^{n} p_i(e)[q_i(p - \theta) - w(q_i)] \tag{7.1}$$

$$s.\ t. \qquad \sum_{i=1}^{n} p_i(e)u[w(q_i)] - v(e) \geqslant \underline{U} \tag{7.2}$$

设λ为参与约束乘数，(P^1)的拉格朗日方程为：

$$L(\{w(q_i)\}, \lambda) = \sum_{i=1}^{n} p_i(e)[q_i(p - \theta) - w(q_i)] +$$

$$\lambda\left(\sum_{i=1}^{n} p_i(e)u[w(q_i)] - v(e)\right) \tag{7.3}$$

式(7.3)表示供应商的参与约束条件。

对所有的$i = 1,\cdots,n$，拉格朗日方程对$w(q_i)$求一阶导数，得：

$$\frac{\partial L}{\partial w(q_i)_{i=1,\cdots,n}} = -1 + \lambda u'[w^*(q_i)] = 0 \tag{7.4}$$

$$\lambda = \frac{1}{u'[w^*(q_i)]} \tag{7.5}$$

$w^*(.)$表示合约的最优支付。由于常数$\lambda > 0$[如果$\lambda = 0$，将出现$u'(.) = +\infty$与假设条件矛盾]，对所有$j, i = 1,\cdots,n$，可得：$u'[w^*(q_i)] = u'[w^*(q_j)]$，即要求$w^*(q_i) = w^*(q_j)$。因此，可得最优合约的支付特征为：

结论7.1：当努力水平完全信息时，最优合约对供应商的支付与最终结果无关：$w^*(q_1) = w^*(q_2) = \cdots = w^*(q_n)$，代理人在所有状态依存条件下都获得固定支付$w^*$，且$w^*$的值仅仅取决于供应商付出的努力，即具体的支付为：

$$w^* = u^{-1}[\underline{U} + v(e^*)] \tag{7.6}$$

e^*表示供应商的最优努力水平。

三、努力水平不对称信息的最优支付

当努力水平不可观测时，供应商的努力水平是私人信息，e不能作为变量写入合约,因为生产商不能够根据一个不可观测和证实的变量来对供应商进行奖励或惩罚。生产商虽然不知道供应商的努力水平,但知道供应商在知识共享中有两种努力水平可以选择 $e \in (e^H, e^L)$, e^H 表示高努力水平, e^L 表示低努力水平,且 $v(e^H) > v(e^L)$,即在知识共享中高努力水平对供应商来说意味着更高的成本。令 $p_i^H = \text{Prob}\left(q = \dfrac{q_i}{e^H}\right)$ 表示当供应商提供高努力水平时,获得结果为 q_i 的概率; $p_i^L = \text{Prob}\left(q = \dfrac{q_i}{e^L}\right)$ 表示当供应商提供低努力水平时,获得结果为 q_i 的概率。假设所有的概率都大于零,且 $p_i^H > p_i^L$, $i \in \{1, 2, \cdots, n\}$,说明越努力得到好结果的概率越大。假设生产商总是偏好于更好的结果,即:生产商希望供应商付出努力是 e^H 而不是 e^L 时,原有在 e 可证实情况下的固定支付不再适用,因为在固定支付下,对供应商来说选择 e^L 是最优的。因此,当生产商需要代理人选择 e^H 时,激励约束条件必须得到满足,即式(7.7)成立:

$$\sum_{i=1}^n p_i^H u[w(q_i)] - v(e^H) \geq \sum_1^n p_i^L u[w(q_i)] - v(e^L) \qquad (7.7)$$

变形整理为:

$$\sum_{i=1}^n (p_i^H - P_i^L) u[w(q_i)] \geq v(e^H) - v(e^L) \qquad (7.8)$$

式(7.7)表明:供应商在知识共享中付出较高努力 e^H 时得到的效用要大于付出较低努力 e^L 时的效用。

参与约束为:

$$\sum_{i=1}^n p_i^H u[w(q_i)] - v(e^H) \geq \underline{U} \qquad (7.9)$$

生产商的最优规划变为(P^2)的解:

$$(\text{P2}): \quad \max_{\{w(q_i)\}_{i=1,\cdots,n}} \sum_{i=1}^n p_i^H [q_i(p - \theta) - w(q_i)] \qquad (7.10)$$

s.t.　式(7.7)和式(7.8)

设 λ 为参与约束乘数, μ 为激励约束乘数,则该规划的拉格朗日方程为:

$$L(\{w(q_i)\},\lambda,\mu) = \sum_{i=1}^{n} p_i^H [q_i(p-\theta) - w(q_i)] +$$

$$\lambda\left\{\sum_{i=1}^{n} p_i^H u[w(q_i)] - v(e^H) - \underline{U}\right\} +$$

$$\mu\left\{\sum_{i=1}^{n} (p_i^H - p_i^L) u[w(q_i)] - v(e^H) + v(e^L)\right\}$$

对所有 $i=1,2,\cdots,n$，拉格朗日方程对 $w(q_i)$ 求一阶导数，令一阶导数为零，得：

$$-p_i^H + \lambda p_i^H u'[w^*(q_i)] + \mu(p_i^H - p_i^L) u'[w^*(q_i)] = 0$$

化简为：

$$\frac{p_i^H}{u'[w^*(q_i)]} = \lambda p_i^H + \mu(p_i^H - p_i^L) \tag{7.11}$$

将式(7.10)变形：

$$\frac{1}{u'[w^*(q_i)]} = \lambda + \mu\left(1 - \frac{p_i^L}{p_i^H}\right), i = 1,2,\cdots,n \tag{7.12}$$

式(7.11)表明 $w^*(.)$ 的值不仅取决于 λ、μ，而且还取决于比值 $\frac{p_i^L}{p_i^H}$ 的大小。激励约束乘数 $\mu \neq 0$，如果 $\mu=0$，式(7.11)等号右边为一常数 λ，等号左边也应该为一常数，即 $w(q_i)$ 必须保持不变，供应商得到一个固定支付。正如前面已经表明的，固定支付只能换取供应商付出低努力水平。

比值 $\frac{p_i^L}{p_i^H}$ 表示结果 q_i 被观测到时，传递努力水平为 e^H 的准确度。该比值越小，说明 p_i^H 相对于 p_i^L 就越大，从而 q_i 传递努力的信号 e^H 越强，对供应商的支付就应该更高。证明如下：因为 $\frac{p_i^L}{p_i^H}$ 越小，式(7.11)右边越大，左边也越大，分母 $u'[w^*(q_i)]$ 就应越小，由于 $u'(w)>0,u''(w)\leqslant 0,u'$ 越小，即 u 对 w 的变化率越小，说明 $w(q_i)$ 越靠近最大值，故此时 $w(q_i)$ 越大。由此可得，努力水平 e 不可观测时合约最优支付特征为：

结论 **7.2**：当供应商的努力水平 e 不可观测时，固定支付不再有效，生产商按照 $\dfrac{p_i^L}{p_i^H}$ 比值大小作为支付依据，且比值越小，对供应商的支付越高。

值得注意的是，如果供应链企业间的知识共享非一次博弈，生产商可以利用事后获取新的信息对事前变量及相关参数进行修正，以便更好地揭示生产商努力的真实水平，使其提供的合约能够对供应商具有更好的激励作用。

在供应链知识共享过程中引入委托代理理论，旨在打破知识共享原有的困境，推动供应链知识共享的开展。通过构建供应链知识共享的支付模型，得出了不同信息结构下委托人提供的合约中对代理人的最优支付机制：当努力水平完全信息时，委托人按照代理人付出的努力水平决定其支付；努力水平不对称信息时，委托人选择一个能够揭示代理人努力程度的变量作为对代理人的支付依据，变量显示的努力水平越高，对代理人的支付就应该越高，否则就不会起到激励代理人的作用。

在模型中，把需求知识的生产商作为合约的委托人，把拥有知识的供应商作为合约的代理人。然而，知识共享过程中，可能存在多种委托代理权利分配方式，在不同的委托代理权利安排下，将有不同的合约结构及不同的最优支付机制。如何在知识共享合约中分配委托代理权利，它将对知识共享的效率产生怎样的影响，它的最优支付将是怎样的，这些问题有待以后进一步的研究探讨。

第四节　逆向选择下的最优合约机制设计

一、合约的结构性

逆向选择是指知识共享双方签订合约之后发生的信息不对称性问题。由于知识共享行为不可监督等特点，供应链知识共享过程中逆向选择问题大量存在,影响知识共享的效率。由于供应链知识共享非一蹴而就,而是包括了知识的投入、运用及创新等一系列复杂的过程,因此知识共享合约不是买卖完后就各不相干的简单的知识交易合约,而是指可能涉及如生产要素的投入、收入分配等问题的一种结构性的合约。基于这样的认识,即知识共享合约是一个有结构性的合约,笔者认为一个有效的合约机制设计必然是基于对合约的结构进行深入了解而做出的。因此,本章试图去构建供应链知识共享逆向选择模型,对供应链知识共享逆向选择合约的结构特征进行研究。

二、基本模型

1. 模型描述及基本假设

研究假设核心企业作为知识的需求者,把自己所需的知识委托给知识链中的节点企业来完成,核心企业作为合约的提供者(又称为委托人),节点企业作为合约的代理人。代理人可能具有不同的类型,在签订知识共享合约前,核心企业不能够区分代理人的类型,只知道代理人属于不同类型的概率分布。核心企业针对不同的代理类型设计不同的知识共享方案(合约),代理人决定接受或拒绝合约,如果合约被接受,则执行合约,并取得合约规定的相应支付。

为研究逆向选择下的合约结构,本章假设:①核心企业在代理过程中仅仅面临高效率或低效率两种类型的企业,其差异在于生产同样的知识其边际成本不同;②参与知识共享企业受到理性的约束,并都为风险中性;③高效率的代理人有模仿低效率代理人的偏好,即高效率代理人可以通过伪装自己的类型来获得额外收益(信息租金);④对委托人来说,合约设计要保证低效率代理人参与到知识共享中来;⑤知识共享过程中固定投入为零。

2. 变量及函数

用 $\underline{\theta}$ 和 $\overline{\theta}$ 分别表示高效率型(低边际成本)和低效率型(高边际成本)企业类型,节点企业类型 θ 来自一个离散分布 $\Theta = \{\underline{\theta}, \overline{\theta}\}$,且 $\theta = \underline{\theta}$ 和 $\theta = \overline{\theta}$ 的概率分

别为 v 和 $1-v$。k 为知识共享过程中代理人供给知识的数量。s 为核心企业对代理人的支付,其中对高效率的代理人支付为 $\underline{s}$,低效率的代理人支付为 $\bar{s}$。这样,核心企业和代理人在知识共享中的合约就可以表示为 $A=\{(\underline{s},\underline{k})$;$(\bar{s},\bar{k})\}$。

设代理人的成本函数为 $C(\theta,k)=\theta k$,由于参与人风险中性的假设,故代理人的效用函数为 $U(s,k)=s-C(\theta,k)=s-\theta k$。

核心企业从 k 单位知识中得到的效用函数为 $V(k)$,且 $V' \geq 0, V'' \leq 0$,$V(0)=0$,在信息不对称情况下,核心企业的效用等于它的期望收益,即:$\prod =$ $V(V(\underline{k})-\underline{s})+(1-v)[V(\bar{k})-\bar{s}]$。

三、完全信息下的最优契约

完全信息是指核心企业在签订合约前知道节点企业的类型,在事后又能够完全监督合约的执行。这种情况下,不存在逆向选择,委托人和 $\underline{\theta}$ 及 $\bar{\theta}$ 两类代理人签订合约,委托人面临的问题是解规划(P^3):

$$(P^3): \quad \underset{(k,s)}{\text{Max}}\, V(k)-s \qquad (7.13)$$

$$\text{s.t.} \quad s-\theta k \geq U \qquad (7.14)$$

其中,U 为代理人的保留效用。解(P^3)得:

$$V'(k)=\theta$$

命题 7.1:完全信息下,最优合约形式为 $\{(\underline{s}*,\underline{k}*); (\bar{s}*,\bar{k}*)\}$,其中上标 * 表示最优解。证明:由于 $V'(k)=\theta$,对 $\underline{\theta}$ 和 $\bar{\theta}$ 代理人,有 $V'(\underline{k}*)=\underline{\theta}$ 及 $V'(\bar{k}*)=\bar{\theta}$,即合约能够在代理人的边际效用等于边际成本处取得,这种情况下,核心企业和节点企业之间知识共享能够实现资源配置的最优。

命题 7.2:完全信息下,委托人要求高效率参与人在知识共享过程中提供的知识量大于低效率的参与人提供的知识量,即 $\underline{k}* > \bar{k}*$。证明:由于 $V' > 0, V'' < 0, V(.)$ 的边际效用递减,可得 $\underline{k}* > \bar{k}*$。

由于信息是完全信息，委托人可以根据代理人的努力程度设计不同的合约，合约具有自选择性质。在实践中，核心企业对节点企业拥有的知识及其生产知识的能力等情况难以确知，完全信息只是一种理想的状态，但完全信息下知识共享合约为研究非对称信息下的知识共享合约提供了一个参照的标准。

四、信息不对称下的契约特征

信息不对称时，合约不再满足自选择性质，对称信息下的最优合约不再有效。这种情况下，委托人设计合约是为了揭示代理人的真实信息，从而达到代理人选择他们各自设计的合约的目的。于是，核心企业的问题变为：

$$(\text{P}^4): \quad \max_{\{(\bar{s},\bar{k});(\underline{s},\underline{k})\}} \quad V[V(\underline{k}) - \underline{s}] + (1-v)[V(\bar{k}) - \bar{s}] \tag{7.15}$$

$$\text{s.t.} \quad \underline{s} - \underline{\theta}\underline{k} \geq \bar{s} - \underline{\theta}\bar{k} \tag{7.16}$$

$$\bar{s} - \bar{\theta}\bar{k} \geq \underline{s} - \bar{\theta}\underline{k} \tag{7.17}$$

$$\underline{s} - \underline{\theta}\underline{k} \geq \underline{U} \tag{7.18}$$

$$\bar{s} - \bar{\theta}\bar{k} \geq \bar{U} \tag{7.19}$$

其中，式(7.15)和式(7.16)为激励约束，式(7.17)和式(7.18)为参与约束。

由于两类代理人的保留效用表达式为 $\underline{s} - \underline{\theta}\underline{k} = \underline{U}$ 和 $\bar{s} - \bar{\theta}\bar{k} = \bar{U}$，且高效率的节点企业通过伪装自己是低效率的企业可以得到额外的收益（因为得到更有利的合约），故应该有等式 $\bar{s} - \underline{\theta}\bar{k} = \bar{s} - \bar{\theta}\bar{k} + \Delta\theta\bar{k} = \bar{U} + \Delta\theta\bar{k}$ 成立，其中 $\Delta\theta\bar{k}$（$\Delta\theta = \bar{\theta} - \underline{\theta}$）为高效率代理人隐瞒自己的信息所得的信息租金，以及由 $U(s,k) = s - \theta k$，把式(7.14)—式(7.18)用信息租金形式改写为：

$$(\text{P}^5): \quad \max_{\{(\underline{k},\underline{U});(\bar{k},\bar{U})\}} \quad V[V(\underline{k}) - \underline{\theta}\underline{k}] + (1-v)[V(\bar{k}) - \bar{\theta}\bar{k}] - [v\underline{U} + (1-v)\bar{U}]$$

$$\tag{7.20}$$

$$\text{s.t.} \quad \underline{U} \geq \bar{U} + \Delta\theta\bar{k} \tag{7.21}$$

$$\bar{U} \geq \underline{U} - \Delta\theta\bar{k} \tag{7.22}$$

$$\underline{U} \geq 0 \tag{7.23}$$

$$\overline{U} \geqslant 0 \tag{7.24}$$

解规划(P^5)，其中式(7.20)—式(7.23)为约束条件。由于假设是高效率的代理人有积极性模仿低效率的代理人，如果保证 $\overline{\theta}$ 类型代理人的参与约束成立，$\underline{\theta}$ 类型代理人的参与约束一定成立，可得出 $\overline{\theta}$ 参与约束是紧的。实际上，由式(7.21)和式(7.24)可推出式(7.23)。对激励约束而言，由假设③可推知，激励约束式(7.22)必须是紧的。故在最优时，对式(7.21)和式(7.22)取等号，有：

$$\overline{U} = 0 \tag{7.25}$$

$$\underline{U} = \Delta\theta\overline{k} \tag{7.26}$$

把式(7.24)和式(7.25)代入规划(P^6)，得：

$$(P^6): \underset{\{\underline{k},\overline{k}\}}{\text{Max}} \; V[V(\underline{k}) - \underline{\theta}\underline{k}] + (1-v)[V(\overline{k}) - \overline{k}\overline{\theta}] - v\Delta\theta\overline{k} \tag{7.27}$$

由式(P^6)可知，委托人的目标函数中必须减去付给高效率节点企业的期望租金。且信息租金多少取决于核心企业要求低效率节点企业在知识共享中提供的数量($\overline{k}$)。(P^4)对 $\underline{k}$ 和 $\overline{k}$ 分别求导，得：

$$V'(\underline{k}^{\text{SB}}) = \underline{\theta} \tag{7.28}$$

$$(1-v)[V'(\overline{k}^{\text{SB}}) - \overline{\theta}] = v\Delta\theta \tag{7.29}$$

上标 SB 表示逆向选择下代理人提供的最优知识量。由此得出：

命题7.3：逆向选择下，高效率代理人的产出与完全信息时一样，而低效率代理人的产出将低于最优水平。证明：由式(7.27)可知 $\underline{k}^{\text{SB}} = \underline{k}^*[V'(\underline{k}*) = \underline{\theta}]$；式(7.28)变形为 $V'(\overline{k}^{\text{SB}}) = \overline{\theta} + \dfrac{v}{1-v}\Delta\theta$，由于 $V(.)$ 的边际效用递减，因此，与最优时 $V'(\overline{k}*) = \overline{\theta}$ 相比，得到 $\overline{k}^{\text{SB}} < \overline{k}^*$。

命题7.4：高效率的代理人从知识共享的合约中得到一个严格正的收益 $\Delta\theta\overline{k}^{\text{SB}}$。证明：由式(7.14)直接可得到。

命题7.5：逆向选择下两类代理人的转移支付分别为 $\underline{s}^{\text{SB}} = \underline{\theta}\underline{k}^* + \Delta\theta\overline{k}^{\text{SB}}$ 和 $\overline{s}^{\text{SB}} = \overline{\theta}\overline{k}^{\text{SB}}$。证明：把($P^4$)的结果代入代理人的效用函数 $U(s,k) = s - C(\theta,k) =$

$s - \theta k \Rightarrow s = U + \theta k$ 可得。

命题 7.3、命题 7.4、命题 7.5 刻画了逆向选择下核心企业提供的合约的基本特征以及不同类型的节点企业在知识共享中所得的支付结果。

命题 7.6:最优扭曲程度取决于代理人是 $\underline{\theta}$ 型的概率。极限时，当 $v \to 0$ 时，为 $\bar{\theta}$ 设计的合约就集结为最优的对称信息合约；当 $v \to 1$，则合约的扭曲是最大化的。证明：由式(7.28)变形 $V'(\bar{k}^{SB}) = \bar{\theta} + \dfrac{v}{1-v} \Delta\theta$ 可得。

命题 7.6 告诉我们知识共享中参与企业是高效率节点企业的概率越大，效率损失越大，这与人们通常认为的高效率的节点企业会提高供应链整体运作效率的认识恰恰相反。这是由于在信息不对称情况下，高效率代理人的概率越大，供应链知识共享过程中发生高效率节点企业伪装自己是低效率节点企业的可能性越大，故而产生效率损失的可能性越大。其管理含义是效率损失的根源还在于低效率代理人的存在，因此改进知识共享效率的途径不是剔除高效率的代理人，而是剔除低效率的代理人。

命题 7.7:最优扭曲程度还取决于代理人之间的类型差距 $\Delta\theta(\Delta\theta = \bar{\theta} - \underline{\theta})$，$\Delta\theta$ 越小扭曲程度越小，在极限处，即 $\Delta\theta$ 趋近于 0 时，逆向选择合约成为对称信息下的合约。证明：由 $\underline{U} = \Delta\theta \bar{k}$ 可知，$\Delta\theta$ 越小，高效率代理人的信息租金越小，在极限处 $\Delta\theta$ 趋近于 0，没有效率损失，故不需要扭曲低效率代理人的产出。

命题 7.7 说明，如果参与知识共享的节点企业在能力上差别不大，或者说企业之间在能力上比较匹配，将有助于知识共享效率的改进。命题 7.6 和命题 7.7 为供应链选择什么样的知识共享战略伙伴提供了一个有用的参考。

本章的研究，得出了逆向选择下知识共享合约的基本特征，为知识共享合约设计提供了一个理论上的指导，并为供应链知识共享的管理实践得出一些有益的启示。由于供应链知识共享面临的是一个复杂的信息结构，除逆向选择外，对不同信息结构下的合约进行研究都是非常必要的。另外，本章仅仅从理论上对供应链知识共享合约结构进行了研究，在今后的研究中还要注重对真实合约的考察,这样更利于对供应链知识共享合约结构的深入了解。

第五节　本章小结

合约与信息有着错综复杂的关系,就供应链知识共享而言,一直没有一个完整的框架把二者纳入一个整体进行分析,决策信息空间理论模型的构建实现了这一目的。通过这一理论模型我们不但得出了合约机制设计的相应命题和结论,而且对供应链中信息不对称的产生机制、合约激励的本质等问题进行较为深入的理解和分析,得出了有一定见地的见解。同时也引发更多有待继续思考的问题,比如在决策空间是否能够找到具有相同决策效率的点,就合约结构与信息结构关系而言孰先孰后、谁决定谁,合约触发维度变量需要什么样的介质等。

8

供应链知识共享任务空间模型及合约机制设计

机制设计理论告诉我们,由于合约是不完全的,合约的激励作用随着局限条件改变而改变,合约机制的设计需要对合约的局限条件进行逐项的考察。本章我们将供应链知识共享任务本身作为一项局限条件加以考察,构建了供应链知识共享任务空间模型,并在任务空间状态下研究了不同任务结构情况下的合约设计机制。

第一节　引　言

供应链知识共享是由一系列活动构成的,活动是供应链知识共享合约设计过程中的重要局限条件之一,忽视对活动的考察必将影响合约及合约机制的有效性。为了研究活动(作为一项局限条件)对合约及合约机制设计的影响,我们引入了"任务"这一概念。任务是指完成一个目标单元所需要的最低活动或活动量,目标单元即是把知识共享的总目标加以层层分解后形成的最小目标。本章认为合约设计的对象是任务而非活动,尽管任务是由活动构成且合约是通过影响单个活动来实现其目标的。其原因有二:一是知识共享作为一项有意识的活动,合约的设计总是有其特定的目标;二是合约机制的运行是需要成本的,针对任务来缔结合约可以降低供应链成员企业间在合约谈判、订立及执行中的成本。为此,本章首先研究知识共享活动的特征,构建了活动的三维空间模型,进而考察了任务在活动空间的性质及任务性质对合约机制设计的影响。

在合约机制设计中,基于 George P. Baker(1992)和 Baker、Gibbons & Murphy(1994)所构建的基本模型,本章在此架构下研究供应链知识共享的合约设计。知识共享的多任务是由供应链的性质和知识的性质共同决定的。供应链的分工与合作,造成知识的分割,而知识创新的内在要求需要具有不同知识的成员企业共同参与,以提高供应链知识创新的效率。供应链知识共享的多任务表现在以下三个方面:一是一个委托人与多个代理人进行知识共享;二是一个委托人与一个代理人实现多项知识的共享;三是一个委托人虽然只与一个代理人进行一项知识的共享,但是知识的特性使单一的共享行动可能会产生多个影响结果,即知识共享有多个度量值,如果缺乏对某些结果的激励可能会影响参与知识成员的积极性。本章仅仅对第二种情况下的多任务知识共享合约进行研究,通过构建供应链知识共享模型,研究委托人在不同任务组合下供应链知识共享的最优合约,并对贴现率、任务之间的可替代性系数及无法被证实的业绩部分对委托人收益的影响因子等参数进行讨论,以得出参数及参数变化对最优合约设计的影响。

第二节　供应链知识共享任务空间模型

一、供应链知识共享活动的特征

供应链知识共享是由一系列共享活动构成的。由于知识共享是知识和智力资本等无形资源的使用和创造过程,与有形资源的使用和创造相比,知识共享很难像有形资源共享一样,能够对活动的程序进行规定,对其动作进行规范,并对活动进程加以控制和对结果进行较为精确的计量等。知识共享活动具有复杂性、模糊性及非程序性等性质。从供应链知识共享主体的知识结构、知识共享活动的过程及知识共享的结果等几方面来看,供应链知识共享活动有以下三个基本特征。

1.共享主体知识的结构性

按照多元认识论,知识是有结构性的,如 Nonaka 和 Takeuchi(1995)把知识按照显性知识和隐性知识分为两个维度;而 Boisot(1998)则按照编码、抽象和扩散把知识视为一个三维空间。供应链知识共享主体拥有的是一种有结构性的知识,并可按照不同的标准进行划分。

按照知识的范围来划分，供应链主体的知识可分为企业内部的知识和成员企业外部的知识，即一个供应链成员的知识不仅仅局限在成员的内部，成员企业可拥有其上游、下游甚至同一层次其他成员企业所需要的知识。按照知识的内容划分，供应链主体的知识可能是一项知识，也可能是多项知识，比如一个经销商可能拥有市场的知识（如掌握了消费者的偏好），也可能掌握改进产品设计缺陷的知识（这项知识是制造商在技术改进时所必需的知识，而制造商可能恰恰缺少这项知识）。供应链主体知识的结构性产生原因是多方面的，最主要是由于在供应链中的分工不同而造成的。

知识的结构性说明知识共享只有充分调动供应链成员参与知识共享的积极性，充分利用成员的知识，才可能创造更大的供应链整体效益。

2. 知识共享活动过程的流体性质

供应链知识共享非一蹴而就，而是一个由点及面、由少至多的渐进过程。知识共享活动过程的流体性质是指在供应链中一个知识共享活动，可以引起并推动整个供应链知识共享活动开展，使知识共享活动就像流体一样布满整个供应链空间。这是因为一个知识共享活动创造出来的新知识，需要其上游和下游相应的知识共享活动产出与之匹配的知识，来实现知识共享的协同效应。如原材料阶段的知识共享活动，必然要求生产过程中有活动与之相对应，以此类推，层层波及直到供应链的终端消费者。

供应链知识共享过程流体的流动方向，在以市场为导向的供应链中，流体的方向是由原材料端向消费者端流动。但是随着回收物流、逆向物流等的兴起，供应链知识共享活动过程流体也相应地由消费者端向生产者和供应商方向流动。

3. 知识共享活动结果的旁效用效应

活动必然产生一定的影响或结果。供应链知识共享活动往往会带来多种结果。旁效用是指在实现供应链知识共享既定目标的同时，还获得的额外的效用。旁效用效应则是指在供应链知识共享过程中这种旁效用现象的普遍存在性。旁效用效应的产生主要有两方面的原因：一是由于成员目标的差异性；二是由于知识传播过程中的黏性。

成员目标的差异性是指在同一知识共享过程中，成员除了拥有共同的目标外，不同的参与者可以拥有各自不同的目标。比如在某一知识共享过程中，制造商的目的是希望通过知识共享活动所创造的知识来替代或减少原材料的使用；而供应商的目标是希望通过知识共享活动来提高零部件的知识含量，从而提高供应的价格。需要说明的是，制造商的目标和供应商的目标都不是知识共享的目标，这种独立目标能够得以实现，原因是多方面的，其中之一是在知识共享过程中，成员可以根据自己的目标去获取所需要的知识，这也说明了在知识共享过程中可以创造出多样的知识来。

知识传播的黏性是指知识的共享往往会伴随着多项知识同时传播。知识共享虽然可以是以某一显性知识或隐性知识的使用或创造为目标，但共享过程中往往会伴随着多种显性知识或隐性知识的传播，如某项技术的提高（知识共享的目标），同时也伴随着人的素质的提高（人的显性知识或隐性知识的增加）。

这种旁效用的获得可能是成员企业一种有意识的活动，也可能是一种无意识的活动，且旁效用可能为知识共享的各方获得，也可能只为其中的一方获得，但在理性假设下，这种旁效用效应能够为各成员企业所感知。

二、知识共享活动空间模型构建

活动是供应链知识共享环境的重要组成部分。由于活动的内容千差万别，活动表现的形式也各具形态，为了形成一个基于活动的统一分析框架，本章以活动的三个特征，即旁效用效应、流体性和结构性为坐标，构建了供应链知识共享活动的三维空间模型，如图8.1所示。

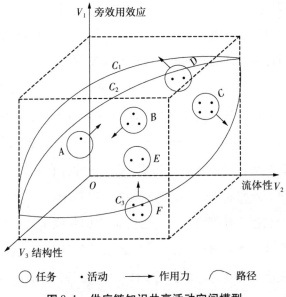

图8.1 供应链知识共享活动空间模型

活动是构成任务的基本内容和基本要素。基于所构建的活动空间模型,可以得出供应链知识共享任务在活动空间上的一些基本性质。

第一,知识共享任务的集合性。集合性是指供应链知识共享的任务可能由单个活动或多个活动所构成。如图8.1所示,圈A、B、C和D分别表示几个不同的任务,但圈A只包含一个点,表示该任务只由一个活动构成;而圈B和C等则包含了多个点,表示任务B和C等由多个活动构成,其任务是一个活动集合。

第二,知识共享任务的作用力性。作用力性是指供应链知识共享的各个任务之间存在的相互影响的关系。这种关系的作用力来源于任务本身,任何两个任务之间可能存在相互吸引、相互排斥等多种作用力情况。如图8.1所示,任务A与任务B的作用力方向是相向的,表示它们之间相互吸引的关系;任务C与任务D的作用力方向是相反的,表示它们之间是相互排斥的关系;当两个任务之间的作用力为零的时候,表示这两个任务之间没有关系。值得注意的是这种作用并非对称的,即是说可能存在其中一个对另一个有作用力(吸引或排斥),反之则为零作用,如任务E和任务F之间的情况。

第三,知识共享任务的替代性。替代性是指不同任务或不同任务组合可以实现相同的任务目标。任务的替代性是由于知识的替代性所决定的,替代性说明知识共享的目标可以通过不同的任务路径来实现。

第四,知识共享任务的互补性。互补性则说明一个任务的实现将有助于另一个任务更好地实现或者说需要两种任务共同进行才能够实现供应链利益的最大化。互补性产生的根本原因在于知识的互补性,在知识共享过程中虽然任务活动本身可能不同,但不同结果(知识)之间可能存在互补性,任务的互补性是知识的互补性的外在表现。

任务的替代性和互补性可以用任务空间中的弧线来表示。用凹凸性相同的弧线表示具有替代性的路径,如 C_1、C_2 表示两条具有替代性的路径;用不同凹凸性的弧线表示具有互补性的路径,如 C_3 与 C_1 和 C_2 具有互补性。替代性和互补性的大小由空间弧线间的距离决定,距离越大,表示替代性越大或互补性越强。

三、任务性质对合约机制设计的影响

使用合约机制时,合约的设计往往有其明确的目标,即合约总是针对供应链知识共享的某一目标而订立的,合约的对象是活动空间中的任务,而非单个活动本身,尽管合约会通过影响活动来实现其目的。基于图 8.1 的活动空间模型,探讨任务性质对供应链知识共享合约机制设计的影响。

第一,任务的集合性对合约设计的影响。任务的集合性说明一个任务可能由一个活动或多个活动构成,合约设计的目的之一在于对构成任务的活动进行引导,使活动形成合力,并朝着委托人希望的方向改进。由于活动具有旁效用效应、流体性质及结构性等特征,在多个活动构成的任务中,如果合约设计忽视了活动的这些特征,必然会影响活动执行的整体效果,甚至可能会产生对供应链知识共享起副作用的活动;即使在由一个活动所构成的任务中,合约的设计也应该考虑旁效用的产生对活动的影响,比如合约设计如果仅仅考虑产品性能的改进,而忽视了在这一个过程中成员可能还付出了传授知识的劳动和努力,就会影响成员知识共享的积极性。

第二,任务的作用力性对合约设计的影响。在同一空间的任务,可能存在这样的状态:知识共享系统没有受到本身以外的任何作用力,任务之间的相互作用力只来源于一种内生的机制,在稳态的情况下,各种任务相对静止,我们可以把这一时刻称为自然状态。但是在自然状态下,供应链知识共享对外表现为一种次优的均衡,是一种囚徒困境。知识共享的激励合约设计就是要打破这种自然状态,通过合约破坏原有任务之间的关系,如把原来 A 和 B 之间的相互吸引关系变成相互排斥,把 C 与 D 之间的强排斥减弱为弱排斥等,当空间的任务状态重新归于平衡时,两种平衡是一种帕累托改进。在一个由一系列目标组成的供应链知识共享环境中,单一任务的合约设计很难实现这一目标,因为当单一合约设计改变了两个任务间原有的作用状态后,同时也可能引起与此任务有关的任务间原有作用状态的破坏,如当 A 与 B 作用状态改变后,可能会影响 A 或 B 周围任务与 A 或 B 的作用状态,在这种情况下,单一任务的合约设计很难实现知识共享整体的目标。但是当知识共享目标比较单一,或各个任务之间作用力较弱甚至为零的情况下,如果采用多任务合约反而会增加合约订立的成本,这种情况采取单任务合约设计较为适合。

第三,任务之间具有的替代性或互补性对合约设计的影响。任务之间的替代性和互补性,涉及任务空间中合约机制路径的选择问题。替代性表明在任务空间有不同路径可以实现相同的知识共享目标,但选择不同路径时合约的成本可能不同;而任务的互补性表明,合约的激励作用除了受到合约本身影响之外,还受到合约对象的影响。在这种情况下,作为委托人在设计合约时不应该孤立地考虑一个合约本身,而应该考虑合约间的相互影响和相互关系。

第三节　多任务环境下供应链知识
共享合约机制设计

一、基本模型

假设供应链由一个供应商和一个制造商构成,供应商和制造商均为风险中性,且知识共享是一个重复博弈的过程。在代理过程中,假设供应商拥有制造商所需要的知识,且供应商在知识共享过程中拥有比制造商更多的信息,如供应商比制造商更加了解知识的价值、知识共享过程的风险等,因此,在知识共享过程中制造商为委托人,供应商为代理人。代理人需要完成两项任务,记为 x_1, $x_2 \in \{0,1\}$,其中 $x_i = 1$ 表示第 i 项任务被成功地完成,$x_i = 0$ 则表示任务 i 失败。对应每一个任务,代理人选择一种努力水平,$e_i \in [0,1] (i = 1,2)$,且代理人的努力水平不能被委托人所观察,那么代理人完成任务 i 的概率为 $\mathrm{Prob}\{x_i = 1 | e_i\} = e_i$。并设代理人努力的负效用函数为:

$$c(e_1,e_2) = \frac{1}{2}(e_1^2 + e_1^2 + 2se_1e_2) \tag{8.1}$$

其中,$s \in (0,1)$ 表示两项任务之间的可替代性系数。

此时,委托人向代理人提供合约,该合约由三部分组成:①固定支付 γ;②当 $x_1 = 1$ 时,支付奖金 β_1;③当 $x_2 = 1$ 时,支付奖金 β_2。从而,面对这样的合约,代理人的期望支付为:

$$U = \gamma + \beta_1e_1 + \beta_2e_2 - c(e_1,e_2) \tag{8.2}$$

委托人的期望收益为:

$$V(\beta_1,\beta_2) = (1 - \rho)e_1 + \rho e_2 - (\gamma + \beta_1e_1 + \beta_2e_2) \tag{8.3}$$

其中,ρ 为第二项任务对委托人的期望收益的影响因子,则第一项任务对委托人的期望收益的影响因子为 $(1 - \rho)$,且 $0 < \rho < 1$。

每一期博弈发生的时序为:首先,委托人提供补偿合同,然后代理人决定是否接受这份合同。如果他拒绝接受合约,则博弈结束;若代理人接受合同,则同时选择两个行动。当 $x_1 = 1$,委托人奖金为 β_1;当 $x_2 = 1$ 时,委托人奖金为 β_2。

二、不同任务组合下的最优契约设计

按照知识共享的业绩是否可被第三方证实,在本章设定的基本模型下,供应链中的多任务可以分为三种情况:一是两项任务的业绩都能够被第三方所证实;二是只有第一项任务的业绩能够被证实,委托人缺乏对第二项任务的激励;三是只要第一项任务的业绩能够被证实,委托人对两项任务都进行激励。下面分别对三种情况下多任务契约结构进行研究。为了书写的方便,以上三种情况在下文简称为:组合Ⅰ、组合Ⅱ与组合Ⅲ。

1. 组合Ⅰ的最优契约设计

当两项任务的业绩都能够被第三方所证实时,代理人最大化其效用:

$$\max \gamma + \beta_1 e_1 + \beta_2 e_2 - \frac{1}{2}(e_1^2 + e_2^2 + 2se_1e_2) \tag{8.4}$$

由一阶条件可得,代理人的最优努力水平为:

$$e_1^* = \frac{\beta_1 - s\beta_2}{1 - s^2}, e_2^* = \frac{\beta_2 - s\beta_1}{1 - s^2} \tag{8.5}$$

当代理人接受合同时,它必须满足如下的参与约束:

$$\gamma + \beta_1 e_1 + \beta_2 e_2 - c(e_1, e_2) \geqslant \underline{W} \tag{8.6}$$

其中,$\underline{W}$ 为代理人的保留效用。把式(8.5)代入式(8.6)得,代理人接受合同的最低工资为:

$$\gamma^* = \underline{W} - [\beta_1 e_1 + \beta_2 e_2 - c(e_1, e_2)]$$

$$= \underline{W} - \frac{1}{2(1 - s^2)}(\beta_1^2 - 2s\beta_1\beta_2 + \beta_2^2) \tag{8.7}$$

此时,委托人的期望收益为:

$$V(\beta_1,\beta_2) = \frac{1}{1-s^2}\{[(1-\rho)-\rho s]\beta_1 + [\rho-(1-\rho)s]\beta_2 -$$

$$\frac{1}{2}(\beta_1^2 - 2s\beta_1\beta_2 + \beta_2^2)\} - \underline{W} \tag{8.8}$$

由一阶条件,

$$\frac{\partial V(\beta_1,\beta_2)}{\partial\beta_1} = \frac{1}{1-s^2}\{[(1-\rho)-\rho s] - (\beta_1 - s\beta_2)\} = 0$$

$$\frac{\partial V(\beta_1,\beta_2)}{\partial\beta_2} = \frac{1}{1-s^2}\{[\rho-(1-\rho)s] - (\beta_2 - s\beta_1)\} = 0$$

得最优合同(I)为:

$$\beta_1^* = 1 - \rho$$

$$\beta_2^* = \rho \tag{8.9}$$

将式(8.9)代入式(8.5),得出代理人的最优努力水平为:

$$e_1^* = \frac{(1-\rho)-\rho s}{1-s^2}$$

$$e_2^* = \frac{\rho-(1-\rho)s}{1-s^2} \tag{8.10}$$

因为努力水平 $e_1^*, e_2^* > 0$,所以 $\frac{s}{1+s} < \rho < \frac{1}{1+s}$。

从而,委托人的期望收益为:

$$V(\beta_1^*,\beta_2^* \mid \gamma = \gamma^*) = \frac{1}{2(1-s^2)}[(1-\rho)^2 -$$

$$2\rho s(1-\rho) + \rho^2] - \underline{W} \tag{8.11}$$

2. 组合 Ⅱ 的最优契约设计

当两项任务中第一项任务的业绩能够被证实,而第二项任务的业绩无法被证实,且委托人缺乏对第二项任务的激励,即 $\beta_2 = 0$ 时,代理人对第二项任务的最优努力也为 0,因为他没有动机对第二项任务采取行动。此时,可转化为如下的最优化问题:

$$\max_{e^{H1},e^{L1},\beta_1} (1 - \rho)e_1 - \gamma - \beta_1 e_1$$

$$\text{s. t.} \qquad e_1 \in \arg\max_{e_1'} \gamma + \beta_1 e_1' - c(e_1') \qquad (8.12)$$

$$\gamma + \beta_1 e_1 - c(e_1) \geq \underline{W} \qquad (8.13)$$

其中,式(8.12)为激励约束,式(8.13)为参与约束。根据式(8.12),由一阶条件得出,代理人的最优努力水平为：$e_1^{**} = \beta_1$,此时,代理人接受合同时的最低基本工资为：

$$\gamma^{**} = \underline{W} - \frac{1}{2}\beta_1^2 \qquad (8.14)$$

根据一阶条件,得出最优合同(Ⅱ)为：

$$\beta_1^{**} = 1 - \rho, e_1^{**} = 1 - \rho \qquad (8.15)$$

则委托人的期望收益为：

$$V(\beta_1^{**} \mid \gamma = \gamma^{**}) = \frac{1}{2}(1 - \rho)^2 - \underline{W} \qquad (8.16)$$

3. 组合Ⅲ的最优契约设计

当委托人要对第二项任务进行激励时,由于第二项任务的业绩不可证实,这些无法被证实的变量不能作为合约中可实施的条款,因为即使代理人完成了合约所规定的任务,委托人也可能违背合约而不支付该任务所对应的补偿,即是说这种情况下合约中所做出的支付承诺是不可置信的。这样的合约要得到执行,需要通过委托人的"自我实施"来保证合约的履行。

"自我实施"是指当供应链成员企业之间是一种长期的合作关系时,委托人违背合约则可能失去履行合约所带来的未来的期望收益,因为一旦委托人违背合约,就可能遭受代理人永远不合作的报复。因此,委托人履行合约的前提是与违背合约相比,履行合约带来的期望收入所增加的贴现值不小于支付给代理人的无法被证实部分的激励,即：$\{V(\beta_1,\beta_2) - V(\beta_1^*)\}/r \geq \beta_2$；否则委托人就会违背合约。此时,问题转化为如下的最优化模型：

$$\max_{\beta_1,\beta_2} V(\beta_1,\beta_2)$$

$$\text{s. t.} \qquad \{V(\beta_1, \beta_2) - V(\beta_1^*)\}/r \geqslant \beta_2 \qquad (8.17)$$

其中,r 为贴现率,$r \in (0,1)$。定义 λ 为拉格朗日乘数,构造拉格朗日函数 L 为:

$$L = (1 + \lambda)\left\{\frac{1}{1 - s^2}\left[(1 - \rho - \rho s)\beta_1 + (\rho - s - \rho s)\beta_2 - \right.\right.$$

$$\left.\left.\frac{1}{2}(\beta_1^2 - 2s\beta_1\beta_2 + \beta_2^2)\right] - \underline{W} - \frac{\lambda}{1 + \lambda}\left[\frac{1}{2}(1 - \rho)^2 - \underline{W}\right] - \frac{\lambda}{1 + \lambda}r\beta_2\right\}$$

$$(8.18)$$

由一阶条件,有:

$$\frac{\partial L}{\partial B_1} = \frac{1 + \lambda}{1 - s^2}\{[(1 - \rho) - \rho s] - (\beta_1 - s\beta_2)\} = 0$$

$$\frac{\partial L}{\partial \beta_2} = (1 + \lambda)\left\{\frac{1}{1 - s^2}[\rho - (1 - \rho)s - (\beta_2 - s\beta_1)] - \frac{\lambda}{1 + \lambda}r\right\} = 0$$

令 $\mu = \dfrac{\lambda}{1 + \lambda}$,得到最优合同(Ⅲ)为:

$$\beta_1^{***} = (1 - \rho) - \mu rs, \beta_2^{***} = \rho - \mu r \qquad (8.19)$$

注意:因为 $\lambda \geqslant 0$,所以 $0 \leqslant \mu \leqslant 1$;又因为 $\dfrac{s}{1 + s} < \rho < \dfrac{1}{1 + s}$,所以由 $\beta_1 \geqslant 0, \beta_2 \geqslant 0$,知 $\mu \leqslant \rho/r$。因此,有:

$$(1)当 \rho > r 时, 0 \leqslant \mu \leqslant 1; (2)当 \rho \leqslant r 时, 0 \leqslant \mu \leqslant \rho/r。 \qquad (8.20)$$

三、相关参数的分析

从上面第三节中,我们得出了多任务下三种任务组合的最优合约结构,同时,从上面的模型分析可以看出,当每个参数在不同情景下变化时,最优激励机制也有所变化。所以,本节我们进一步讨论可替代性参数 s、贴现率 r 和参数 ρ 的变化分别对最优合约选择的影响情况。

1. 可替代性参数 s

首先,讨论可替代性参数 s 对最优合约的影响。令 $\omega = \dfrac{\beta_1}{\beta_2} = \dfrac{(1-\rho)-\mu rs}{\rho - ur}$,

则 ω 表示两个任务之间的相对激励强度。于是,通过对相对激励强度 ω 进行分析,可以得出如下结论:

结论 8.1:当两项任务之间的相关性越强,相比于第一项任务,委托人对第二项任务的激励越强,因为有 $\dfrac{\partial \omega}{\partial s} = \dfrac{-\mu r}{\rho - \mu r} \le 0$。

2. 贴现率 r

考虑贴现率 r 对最优合约的影响,将式(8.9)代入式(8.7),则式(8.17)可转化为如下函数形式,即:

$$
\begin{aligned}
V(\beta_1, \beta_2) & - V(\beta_1^*) - r\beta_2 \\
&= \frac{1}{1-s^2}\Big\{ [(1-\rho)-\rho s]\beta_1 + [\rho - (1-\rho)s]\beta_2 - \\
&\quad \frac{1}{2}(\beta_1^2 - 2s\beta_1\beta_2 + \beta_2^2) \Big\} - \frac{1}{2}(1-\rho)^2 - r\beta_2 \quad\quad (8.21)\\
&= \frac{1}{2}(\rho - \mu r)^2 + (\rho - r)(\rho - \mu r) - \\
&\quad \frac{1}{2}\Big\{ (1-\rho)^2 - \frac{[(1-\rho)-\rho s]^2}{(1-s^2)} \Big\} = f(\mu)
\end{aligned}
$$

根据式(8.20) μ 的取值范围,有:

(1)当 $\mu = 0$ 时,由式(8.21)得 $f(0) = \dfrac{[\rho - (1-\rho)s]^2}{2(1-s^2)} - r\rho$。若 $f(0) > 0$,当下列不等式成立时:

$$
r < \frac{[\rho - (1-\rho)s]^2}{2\rho(1-s^2)} < \hat{r} \quad\quad (8.22)
$$

也即说,在 $r < \hat{r}$ 时,激励合同(Ⅰ)最优。反之,当 $r > \hat{r}$ 时,有 $f(0) < 0$。由于 $f(\mu)$ 在 $\mu \in [0,1]$ 区间是单调不减的 $[\because \mathrm{d}f(\mu)/\mathrm{d}\mu = r^2(1-\mu) > 0]$,因

此,下面需要确定 $f(\mu) > 0$ 时的上限值。

(2)当 $\rho \leqslant r$ 时,$0 \leqslant \mu \leqslant \dfrac{\rho}{r}$。设 $\mu = \dfrac{\rho}{r}$,有:$f\left(\dfrac{\rho}{r}\right) = -\dfrac{1}{2}\left[(1-\rho)^2 - \dfrac{[(1-\rho)-\rho s]^2}{(1-s^2)}\right]$,显然,$f\left(\dfrac{\rho}{r}\right) < 0$,所以不满足"自我实施"的条件式 (8.14)。从而得出:当 $\rho \leqslant r$ 时,最优合同为(Ⅱ)。

(3)当 $\rho \geqslant r$ 时,$0 \leqslant \mu \leqslant 1$。设 $\mu = 1$,则有:

$$f(1) = \frac{1}{2}(\rho - r)^2 - \frac{1}{2}\left\{(1-\rho)^2 - \frac{[(1-\rho)-\rho s]^2}{(1-s^2)}\right\}$$

$$= \frac{1}{2}r^2 - \rho r + \frac{[\rho - (1-\rho)s]^2}{2(1-s^2)}$$

若 $f(1) \geqslant 0$,当下列不等式成立时:

$$r \leqslant \rho - \sqrt{\rho^2 - \frac{[\rho - (1-\rho)s]^2}{(1-s^2)}} \leqslant \tilde{r} \tag{8.23}$$

注意到,$r < \tilde{r}$。因此,我们有:当 $r > \tilde{r}$ 时,最优合同为(Ⅱ);当 $\hat{r} < r < \tilde{r}$ 时,最优合同则为(Ⅲ)。下面,我们确定合同(Ⅲ)中的参数 μ 的取值。

当 $\hat{r} < r \leqslant \tilde{r}$ 时,由 $r > \hat{r}$,我们有 $f(0) < 0$;$r \leqslant \tilde{r}$ 时,则 $f(1) \geqslant 0$。所以必存在一点 μ^* 使 $f(\mu^*) = 0$,从而通过式(8.12)求得 $\mu^* = 1 - \sqrt{r^2 - 2\rho r + \dfrac{[\rho - (1-\rho)s]^2}{(1-s^2)}}\Big/r = 1 - \sqrt{\Delta}/r$。则最优合同(Ⅲ)变为:

$$\beta_1^{***} = (1-\rho) - rs + s\sqrt{\Delta} \tag{8.24}$$

$$\beta_2^{***} = \rho - r + \sqrt{\Delta} \tag{8.25}$$

其中:

$$\Delta = r^2 - 2\rho r + \frac{[\rho - (1-\rho)s]^2}{(1-s^2)}$$

此时,式(8.24)、式(8.25)分别代入式(8.5),得两种类型的代理人的最优努力水平为:

$$e_1^{***} = \frac{(1 - \rho) - \rho s}{1 - s^2}, e_2^{***} = \frac{\rho - (1 - \rho)}{1 - s^2} - r + \sqrt{\Delta} \qquad (8.26)$$

综上,我们得出结论:

结论 8.2:在其他参数一定时,最优合同随贴现率 r 的变化,具有如下特征:

(1)当 $r < \hat{r}$ 时,最优合同为(Ⅰ),即:

$$\beta_1^* = 1 - \rho, e_1^* = \frac{(1 - \rho) - \rho s}{1 - s^2}$$

$$\beta_2^* = \rho, e_2^* = \frac{\rho - (1 - \rho)s}{1 - s^2}$$

(2)当 $\hat{r} < r \leqslant \tilde{r}$ 时,最优合同为(Ⅲ),即:

$$\beta_1^{***} = (1 - \rho) - rs + s\sqrt{\Delta}, e_1^{***} = \frac{(1 - \rho) - \rho s}{1 - s^2}$$

$$\beta_2^{***} = \rho - r + \sqrt{\Delta}, e_2^{***} = \frac{\rho - (1 - \rho)}{1 - s^2} - r + \sqrt{\Delta}$$

(3)当 $r > \tilde{r}$ 时,最优合同为(Ⅱ),即:

$$\beta_1^{**} = 1 - \rho, e_1^{**} = 1 - \rho$$

$$\beta_2^{**} = 0, e_1^{**} = 0$$

从结论 8.2 可以看出,在参数 ρ 一定的情况下,当贴现率 r 增加时,在 $r \in (0, \hat{r}) \cup (\tilde{r}, 1)$,最优激励 β_1 为常数;在区间 $r \in (\hat{r}, \tilde{r})$,$\beta_1$ 随贴现率的增加而递减;同样,β_2 在区间 $(0, \hat{r})$ 为常数;当 $r \in (\hat{r}, \tilde{r})$,$\beta_2$ 随 r 的增加而递减;当 β_2 在 $r \in (\tilde{r}, 1)$ 时则变为 0。即随着贴现率的增加,β_1 是非单调且不连续变化的,而 β_2 则是单调且不连续变化的。

3. 影响因子 ρ

最后,我们讨论参数 ρ 对最优合约的影响。从对贴现率 r 的讨论可知,当 $r > \tilde{r}$ 时,最优合同为(Ⅱ)。因为 $\tilde{r} = \rho - \sqrt{\rho^2 - \dfrac{[\rho - (1 - \rho)s]^2}{(1 - s^2)}}$,则可以把条件 $r > \tilde{r}$ 转化为:

$$Y(\rho) = (\rho - r)^2(1 - s^2) - \rho^2(1 - s^2) + [\rho - (1 - \rho)s]^2$$

$$= \{\rho(1 + s) - [s + r(1 - s)]\}^2 - [s + r(1 - s)]^2 + s^2 + r^2 - r^2s^2$$

$$= \{\rho(1 + s) - [s + r(1 - s)]\}^2 - 2sr(1 - r)(1 - s) < 0$$

显然，$Y(\rho)$ 在 $\rho = \dfrac{s + r(1 - s)}{(1 + s)} \equiv \rho^* > 0$ 处取得最小值，且 $Y(\rho^*) = -2sr(1 - r)(1 - s) < 0$。又因 $Y(0) = s^2 + r^2(1 - s^2) > 0$，所以存在点 ρ 使 $Y(\rho) = 0$。

令 $Y(\rho) = 0$，求出 ρ 为：

$$\tilde{\rho}_{\min} = \frac{1}{(1 + s)}[s + r(1 - s) - \sqrt{2sr(1 - r)(1 - s)}]$$

$$\tilde{\rho}_{\max} = \frac{1}{(1 + s)}[s + r(1 - s) + \sqrt{2sr(1 - r)(1 - s)}] \qquad (8.27)$$

因此，我们得出：当 $\rho < \tilde{\rho}_{\max}$ 时，最优合同为（Ⅱ），如图8.2所示。

另外，在最优合同（Ⅲ）中，由于 $\hat{r} = \dfrac{[\rho - (1 - \rho)s]^2}{2\rho(1 - s^2)}$，同理，可以把条件 $\hat{r} < r$ 转换为：

$$y(\rho) = 2\rho r(1 - s^2) - [\rho - (1 - \rho)s]^2$$

$$= -\{\rho(1 + s) - [s + r(1 - s)]\}^2 + [s + r(1 - s)]^2 - s^2$$

$$= -\{\rho(1 + s) - [s + r(1 - s)]\}^2 + r(1 - s)[2s + r(1 - s)] > 0$$

可知，$y(\rho)$ 在 $\rho = \rho^*$ 处取得最大值，并有 $y(\rho^*) = r(1 - s)[2s + r(1 - s)] > 0$；而 $y(\rho) = -s^2 < 0$。所以存在点 ρ 使 $y(\rho) = 0$。即 $y(\rho) = 0$ 时，得：

$$\hat{\rho}_{\min} = \frac{1}{(1 + s)}\{s + r(1 - s) - \sqrt{r(1 - s)[2s + r(1 - s)]}\}$$

$$\hat{\rho}_{\max} = \frac{1}{(1 + s)}\{s + r(1 - s) + \sqrt{r(1 - s)[2s + r(1 - s)]}\} \qquad (8.28)$$

由式（8.27）和式（8.28）可知，$\hat{\rho}_{\min} < \tilde{\rho}_{\min} < \tilde{\rho}_{\max} < \hat{\rho}_{\max}$。因此，当 $\tilde{\rho}_{\max} \leqslant \rho < \hat{\rho}_{\max}$ 时，最优合同为（Ⅲ）；当 $\rho > \hat{\rho}_{\max}$ 时，最优合同则为（Ⅰ），如图8.2所示。

综上，我们得到如下结论：

结论 8.3：最优合同满足：

（1）当 $\rho > \hat{\rho}_{max}$ 时，最优合同为（Ⅰ）；

（2）当 $\tilde{\rho}_{max} \leqslant \rho < \hat{\rho}_{max}$ 时，最优合同为（Ⅲ）；

（3）当 $\rho < \tilde{\rho}_{max}$ 时，最优合同为（Ⅱ）。

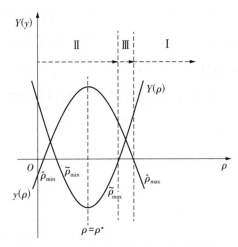

图 8.2　ρ 的变化与最优合约的对应关系

结论 8.3 说明，随着影响因子 ρ 的不断增大，委托人对无法被证实的第二项任务的激励越强；当影响因子无限增大时，委托人更愿意提供最优激励合约（Ⅰ）。

本章对供应链知识共享中多任务委托代理合约设计问题进行了研究，得出了不同任务组合下的最优合约，并重点讨论了当参数 s,r,ρ 发生变化时，委托人设计合约时相应的最优激励机制的变化，找出各种合同之间的关系，并得到一些合理且有实际应用价值的结论。

第四节　本章小结

综上，任务的性质与合约机制设计有着错综复杂的关系，任务的不同性质对合约设计产生不同的影响，在合约设计时应该根据任务的不同性质来选择灵活的合约机制,比如针对不同任务性质选择单任务合约设计或多任务合约设计等。供应链知识共享是由一系列活动构成的,现有的研究并没有对知识共享活动给予足够的重视,使我们对供应链知识共享的活动本身知之不多,不能不说是一种遗憾。本章以供应链知识共享活动为研究对象,构建了供应链知识共享的活动空间模型,形成了对供应链知识共享活动进行分析研究的框架;并认为活动是供应链知识共享合约机制设计的一项重要的局限条件,故在活动空间模型基础上,研究了供应链知识共享合约机制设计问题。从活动的角度来研究供应链知识共享及知识共享的合约设计问题,可以解释知识共享内部活动的运行规律,有助于把供应链知识共享的研究深入开展下去。

第九章

9

供应链知识共享偏好空间模型及道德市场设计

在 Samuel Bowles(2004)《微观经济学:行为,制度和演化》中偏好与行为以及偏好的演化等问题已经成为其核心内容,这也标志着偏好问题已经纳入主流的经济学理论加以分析。本书研究供应链知识共享的行为,其目的在于构建一种新的制度环境来打破供应链成员知识共享的困境。对经济行为的研究如果忽视行为主体的偏好问题,那么在某种程度上,会使我们在对人类行为的理解和解释上陷入被动的地位。本章针对偏好空间模型,提出通过道德市场来作为相应的供应链知识共享机制,并与前面第七章、第八章提出的合约机制共同形成了本书相对完整的机制设计框架。

第一节　引　言

自利(Self-interest)是主流经济学的一个最基本的假设。正如亚当·斯密在《国富论》中所言:"我们每天所需的食品和饮料,不是出自屠户、酿酒师和烙面师的恩惠,而是出自他们自利的打算。"基于自利所设计的各种制度的有效性以及其他许多事例无不证明自利假设的合理性。然而,自利假设也受到包括一些经济学家在内的许多人的质疑,他们认为并不是所有人类行为都为自利所激励,人的行为也常常受道德等社会规范的影响,而表现出某些并非纯粹利己(甚至是纯粹利他)的行为。贝克尔(G. S. Becker)曾用利他主义解释慈善捐助和公共品的自愿提供;泽尔腾(R. Selten)曾通过大量的案例讨论人们在现实决策中的行为,发现人们的利益分配行为显著地受到社会公正思想的影响;阿罗(K. J. Arrow)、萨缪尔森(P. A. Samuelson)以及阿马蒂亚·森(A. Sen)都曾经指出,人们的自私自利是有限的,在很多时候他们也会关心他人的利益,关心物质利益的分配是否公平(董志强,2006)。

近年来随着实验经济学的发展,许多博弈实验如最后通牒博弈(Ultimatum Game)、独裁者博弈(Dictator Game)、信任博弈(Trust Game)等实验结果都已表明,人类的行为在经济活动中还表现为互惠、利他、公平等其他非自利的偏好

（Rabin，2002；Camerer，2003；Fehr、Klein & Schmidt，2007）。而今，已有足够的证据来否定人类行为的纯粹利已动机，正如 Rabin（2002）指出关于人类行为是否受到纯自利动机以外因素影响的争论已经结束。

供应链是 21 世纪重要的一种企业经济组织，或组织联盟。供应链知识共享是供应管理的一项重要内容，按照经济学自利的假设，供应链知识共享应该是其成员企业为了自身利益最大化而做出的行为选择。但自利是供应链成员企业知识共享的唯一动机吗？ 或者说供应链知识共享过程中是否还存在其他偏好问题？ 如果存在，那么哪些因素会影响供应链知识共享的偏好？ 偏好又如何影响供应链知识共享行为呢？ 到目前为止，我们对供应链知识共享中的偏好问题认识还不够，在理论上还缺乏对供应链知识共享偏好的相应研究，在管理实践上也没有考虑偏好对供应链知识共享的影响。因此，本章拟从理论上去考察供应链知识共享中多种偏好的存在性，厘清影响供应链偏好的主要因素，构建供应链知识共享偏好的空间模型，以及研究多种偏好存在下供应链知识共享机制设计等问题。

第二节　多种偏好的存在与影响因素分析

Samuel Bowles（2004）认为"偏好是行为的理由，即用于解释在给定情境中所采取行动（不同于信念和能力）的个人属性"。在经济学划分上偏好通常分为自利偏好和社会偏好，社会偏好是指除自利偏好以外的其他偏好，典型的社会偏好包括公平偏好、互惠偏好等。人类的很多行为很难用自利偏好加以解释，但可以用社会偏好进行完美的解释：在选择行动时，个人通常不仅考虑行动对自己的影响，也会考虑对其他人产生的后果（Samuel Bowles，2004）。

人类行为的多种偏好（包括自利偏好和各种社会偏好）反映了人性的多元化，即人既不是单纯的自利动物也不是单纯的利他动物，而是自利与利他的一个混合体。人类为什么会表现出多种偏好呢？ 生物经济学的观点认为，人的自利与利他偏好是由生物体内的自利或利他基因决定的。每个生物体内都存在自利和利他基因,生物体内都存在自利和利他的双重冲动,一个生物的行为最终表现为自利或利他,在于自利和利他基因在受到刺激后,如果自利的冲动强于利他的冲动则表现为自利行为,反之则表现为利他行为。

供应链成员企业有着共同的目标,但也有其不同的利益诉求,成员企业参与知识共享是出于自身利益的最大化的考虑,是为了获取更多的知识,这正如同斯密所言的屠户、酿酒师和烙面师一样。但也有研究指出供应链中的知识共享还受到组织文化、道德等其他社会规范的影响(Chih-Chien Wang,2004),在供应链知识共享的实践过程中,丰田加强"丰田团队"的建设(Dyer & Nobeoka,2000)等都说明了经济利益并非唯一激励供应链知识共享的动力。

知识存在于个人或组织(多人的有机结合体)中,供应链中的知识共享最终还通过具有不同偏好的个人得以实现,因此,供应链知识共享过程中难免会带有个人偏好的烙印。供应链知识共享具有多种偏好性质,这一点还可以从供应链知识共享不同层次以及知识共享所产生的结果的角度来说明。供应链成员企业知识共享,从自利的角度,可以把这种共享行为认为是成员企业为了个人私利而进行的选择;但从利他的角度,这种共享行为也是成员企业的一种利他行为,因为供应链知识共享不但会使共享中的参与方受益,也能让没有参与知识共享的企业从知识共享中获益。如果供应链成员企业没有利他的偏好,完全是自私的,那么他就应该终止任何这种可能给其他人带来收益的共享行为。把供应链知识共享划分为不同的层次,低一层次的知识共享可以视为供应链成员自私的结果;从高一层次的知识共享而言,就是一种利他行为,例如供应链中个人与个人的知识共享是个人自私的结果,但从组织层面上看,这种个人与个人的知识共享就是个人利他行为的体现。自利和利他存在于每个个体的本性中,即使纯自利偏好的个体行为,在群体行为中也会表现出利他偏好或产生利他偏好的结果。因此,供应链知识共享活动的开展,本身就是供应链成员知识共享多种偏好存在的佐证。

供应链知识共享过程中存在多种偏好,而且偏好是内生的和环境依存的(Samuel Bowles,2004)。偏好的内生和环境依存性可以为供应链知识共享及其管理提供理论上的支撑。如供应链合作伙伴选择是供应链管理的一个重要内容,目前已形成了不同的合作伙伴的选择模型,这些模型提供了选择合作伙伴的不同方法,但从偏好的内生和环境依存性,可以从根本上回答为什么要进行合作伙伴的选择这一问题。从偏好内生的角度,合作伙伴的选择是为了选择具有更多利他偏好的成员企业,这样的成员企业对有利于共享的环境刺激更为敏感,从而有利于减少为建设有利共享环境的成本。而偏好是环境依存的,这一观点对供应链知识共享的启示在于知识共享的重点应该放在知识共享的制度构建上,建立一种有利于刺激利他的环境条件,丰田的"共享团队"文化建设可视为这一作用。

偏好是由基因决定且与环境相依存的,不同偏好是自利基因和利他基因在外部环境刺激下的最终表现。影响供应链知识共享偏好的环境是多方面的,本章认为信息结构、任务结构、知识结构是影响供应链偏好的三个主要因素。

一、信息结构对供应链知识共享偏好的影响

激励理论和委托代理理论等都已经揭示了信息结构状况会影响个人的偏好,如标准的代理理论认为信息不对称性是产生代理租金的原因,因为人们在信息不对称的情况下,代理人会利用其信息优势来选择利己的行为,因此,合约设计的目的之一是要减少代理过程中信息的不对称性。但就信息结构对供应链偏好影响而言,并非信息越对称,供应链成员就越偏好于利他或合作,在很多情况下,信息不对称反而会产生利他行为,促进合作的产生。例如在知识共享过程中,如果制造商知道供应商曾经(在加入供应链以前)有过在与其他企业合作过程中只索取合作伙伴的知识,而自己不愿意付出知识,甚至在知识共享过程中有过泄密等情况,制造商就可能拒绝与其知识共享,即使供应商现在是真诚愿意共享的。生活中也有许多事例可以说明这一点,博弈论的研究也证明

了,有时候知道的信息越多,可能对自己损失越大。为什么信息不对称反而会促使知识共享产生合作的行为呢? 这是因为不对称信息能够产生信任,从而影响成员利他的偏好。这也给我们一个启示,在供应链知识共享过程中,我们不仅需要通过合约去消除不对称信息,规避可能产生的道德风险、逆向选择等问题,也要善于利用信息的不对称可能产生利他偏好这一点,更好地促进供应链知识共享活动的开展。

二、任务结构对供应链知识共享偏好的影响

供应链知识共享可能是一个简单的任务,也可能是一个复杂的具有结构性的任务。任务结构对偏好的影响是不可忽视的,比如一个人拾到他人的东西后,如果能够很方便地把拾到的东西交还给失主或交给专门寻找失主的机构,他很可能会选择利他的行为。相反,如果一个人拾到东西后,寻找失主的工作很困难,比如在他归还东西过程中需要办理烦琐的手续等,那么他可能选择利己行为,把拾到的东西占为己有,或者把拾到的东西再次扔掉而选择一种既不利己也不利他的行为。类似拾东西的行为,如果供应链知识共享的任务结构比较简单,那么供应链会更偏好于利他行为,即简单任务更容易影响成员的合作偏好,而复杂的活动则会减少利他的偏好,比如当知识共享仅仅需要成员双方简单的语言交流就能够实现时,成员更容易表现出利他行为(这里不考虑知识的价值等其他因素)。其原因可能在于简单的任务,对共享双方来说付出的成本会更低,风险更小。因此,在供应链知识共享过程中,复杂的知识共享过程需要对任务进行分解,使知识共享尽可能面临一个个简单的任务环境。

丰田公司与供应商的知识共享机制,主要通过以下途径来实现(张玉蓉,张旭梅,2006):第一,成立供应商协会(Supplier Associations)。成立供应商协会旨在加强供应商之间的联系,并为知识共享提供一个平台。第二,组建咨询/解决问题的团体(Consulting/Problem-solving Groups)。组建咨询/解决问题的团体旨在帮助供应链成员获取、储存和散播有价值的知识,增加供应商对核心企业的

认同感,提高核心企业与供应商知识共享的效率。第三,组织自愿学习团队(Voluntary Learning Teams)。学习团队是一个能熟练获取、传递和创造知识,同时也能善于修正自己的行为以适应新的知识和见解的团队,组织自愿学习团队是提供供应链整体竞争力的必要条件。从任务结构对偏好影响的角度来看,丰田的供应商协会、咨询团队及学习团队是一种化解知识共享任务的机制,通过这些协会和团队,为丰田团队知识共享提供良好的途径,促使成员采取有利于知识共享合作的偏好。

供应链管理的一项重要内容就是对原有流程进行再造,这是供应链有效管理的基础和前提。从任务结构对偏好影响角度来看,流程再造的结果之一是通过流程再造改变原有的任务结构,因而改变参与者的偏好。有效的知识共享需要对供应链流程进行重新设计,使知识共享的任务简单化。这里的简单有两层含义:一是需要对供应链知识共享内容进行科学分解;二是需要对知识共享活动的程序进行合理安排。

三、知识结构对供应链知识共享偏好的影响

苏格拉底认为,人本身是一无所知的,但是他认为知识是可知的,并认为追求知识有着极其重要的意义。对组织或群体而言也是同样的道理,如果一个组织没有任何知识,或者把一个组织或者群体的知识掏空,那么这个组织就是一个无知的组织或群体。从知识的观点,知识犹如构成基因的核酸一样,是供应链知识共享偏好基因的物质基础。那么知识或知识结构如何影响供应链知识共享的偏好呢? 我们认为知识与利他偏好有着正相关性,知识越多或知识的结构越良好,人(或组织)的利他基因越多或利他基因的比例越大,在同样的环境下,就越趋向于采取利他行为。对供应链发展历史进行考察,供应链由最初结构简单,合作内容单一,空间范围有限,到如今供应链边界不断扩大,已经具备复杂的结构,能够实现复杂的功能。按照制度经济学的解释:这得益于组织交易费用的降低,而交易费用的降低基于知识的观点,是因为供应链知识的增加,

使供应链产生更多利他基因。

马斯洛需求层次理论可以成为知识与利他偏好正相关的一个理论支持。供应链知识是一个不断丰富的过程,供应链的需求从最初的仅仅满足自身发展(自利)的需要(类似于一种生理的需要)逐渐向更高层次自我实现(利他)的需求进化,即一个社会或群体拥有的知识越多,这个社会或组织更偏好与其他人共享其知识。我们的社会演化也正是朝着这一方向进行的。

知识与利他偏好正相关可以为供应链诸多管理提供合理的解释。比如供应链合作伙伴选择的目标是"强强联合",为什么要"强强联合"呢? 人们用木桶原理来说明供应链需要"强强联合",但木桶原理其实只是对"强强联合"的另外一种描述,并没有解释为什么需要"强强联合",只是说明了不"强强联合"将产生什么样的后果。知识与利他偏好的正相关性,能够为供应链伙伴选择"强强联合"提供合理的解释和理论上的支撑。从知识的观点,这里的"强"是指成员企业知识结构状况,知识越多的成员企业,在知识共享的过程中越偏好于利他,而更多的利他行为,可以减少供应链知识共享的交易费用,这样的组织也就更具有竞争力。

第三节　偏好空间模型构建

偏好是环境依存的,信息结构、任务结构和知识结构构成了供应链知识共享偏好的主要环境。以信息结构、任务结构和知识结构为坐标,本章构建了供应链知识共享的偏好空间模型,如图 9.1 所示。

在图 9.1 所示的供应链知识共享偏好空间模型中,信息结构和任务结构是影响供应链知识共享偏好的外部环境,而知识结构是影响供应链偏好的内在因素。因此,供应链知识共享偏好的表现是不同维度共同影响的结果。

在图 9.1 的空间模型中,我们将给出一个正式的模型来刻画偏好在空间的分布或变化。为此,做以下的假设以简化分析。

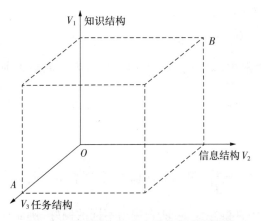

图9.1 供应链知识共享的偏好空间模型

假设偏好空间只有自利和利他两种偏好,且由纯自利到纯利他是一个连续变化的区域。

把信息结构、知识结构、任务结构对偏好的影响分为对自利的影响和对利他的影响,而且用坐标轴上的正向部分 $(0, +\infty)$ 表示对自利偏好的影响,反向 $(0, -\infty)$ 表示对利他偏好的影响,且越远离原点表示影响越大。

为得出三维空间上供应链知识共享偏好的分布,首先分析在二维情况下偏好的分布状况。由信息结构(x 轴)和知识结构(y 轴)组成的二维情况下对偏好的影响如图9.2 所示(为图形标注方便简洁,在图9.2 和图9.3 中把知识结构、信息结构和任务结构分别用 k, i, t 表示)。

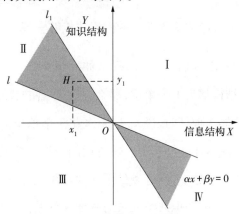

图9.2 $k\text{-}i$ 平面中的偏好分布

在图 9.2 中，$l:\alpha x + \beta y = 0$，表示在 α 单位的 x 和 β 单位的 y 情况下，供应链表现为既无自利偏好也无利他偏好，因此，把 l 称为零偏好线或中性偏好线。在图 9.2 的四个象限中，第一象限为自利偏好，第三象限为利他偏好。在第二和第四象限，很明显可以得到落在 $y = -\dfrac{\alpha}{\beta}x$ 之上的点，为自利偏好，之下的点为利他偏好。

设 l 的斜率为 $k = -\dfrac{\alpha}{\beta}$，随着 k 取值不同，即表示不同的中性偏好线。同样的环境下，不同的中性偏好线，可能表现出不同的偏好，例如在第二象限中的点 $H(x_1, y_1)$，在中性偏好线为 l 的情况下为自利偏好，而在 l_1 下则为利他偏好。k 值由 (α, β) 决定，而 α 和 β 是由生物体内的自利和利他基因决定，如 $(1,3)$ 表示自利和利他基因分别为 1 个单位和 3 个单位。k 值是天生的，不随外界环境变化而变化，因此 k 可以刻画人的偏好本性或人的本性，故称 k 为人性的偏好因子。

现在看一下 k 的经济学含义。例如 $k = -\dfrac{1}{3}$，表示生物体内的自利和利他基因（或其比例）为 1∶3，如果希望在知识共享中表现出中性的偏好，那么每 1 个单位信息结构，就需要 3 个单位（相反方向）的知识结构才能落在中性偏好线上。这说明当生物体内某种偏好的基因越少，如果需要在行为中表现出这种偏好，就需要施加更多单位影响这种偏好的因素才能够实现。如 $k_1 = -\dfrac{1}{6}$ 表示在生物体内自利和利他基因分别为 1∶6，那么如果想 k 和 k_1 都表现为中性偏好时，假设两者的知识结构都为 1 个单位，那么 k 和 k_1 各自需要 3 个单位和 6 个单位的信息结构才能够实现，即是说 k_1 比 k 多花 3 个单位的信息结构，也即是说需要多 3 个单位的成本才能够实现。这背后的经济学含义给我们的启示是：生物体内某种偏好的基因越多，同等条件下获得这种偏好的成本越低。在供应链知识共享过程中，供应链知识共享成员的利他偏好基因越多，那么，获得利他偏好,其囚徒困境需要的制度费用就越低。

同理,可以得到 k-t 平面、t-i 平面的偏好图。同理在三维的空间中,可得到偏好在 k-i-t 空间上的分布图。用 z 轴表示任务结构,设 $\alpha x + \beta y + \lambda z = 0$ 为 0 偏好线,那么 0 偏好线就由二维中的直线变成一个平面。以此类推,可以得出 n 个因素影响下供应链知识共享的偏好分布。

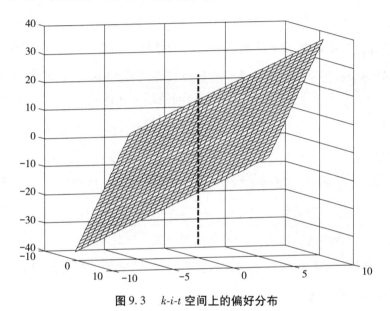

图 9.3　k-i-t 空间上的偏好分布

在二维平面上,人性偏好可以用一条直线来刻画,在三维空间中,人性偏好是一个平面。这证明了偏好(人性)的存在,而且偏好是不随外界因素变化而改变的,同时也证明了行为经济学偏好内生的观点。这给供应链知识共享的启发在于,如果偏好要影响知识共享,只有改变外界环境来改变偏好的表现形式。

第四节　供应链知识共享的道德市场机制

休谟在《道德、政治和文学论文选》中有这样的名言:"政治学家已经建立了这样一条座右铭,在设计任何政府体系时……每个人都应该被假想成流氓,他的所有行动除了追求他的私人利益之外不再有任何其他的目的。我们必须通过这种利益来控制他，并且，尽管他的贪欲和野心永不知足，我们也要利用利益使他为了公共的善而合作。"这一格言告诉我们，制度设计的出发点应该把人视为自利的动物。

传统经济制度的设计皆是遵循休谟的这一观点。由于社会偏好被越来越为主流的社会学家、经济学家接受和认可，制度（无论是公共社会制度或经济制度）的设计过程中越来越多地考虑了人的偏好这一因素。如 Samuel Bowles & Sung-Ha Hwang（2008）在公共经济政策设计上考虑到人的偏好因素；Hideshi Itoh（2004）在标准道德风险委托—代理模型中引入其他偏好，在他的模型中代理人不但关注自己所得，而且还关注自己收益和委托人收益的公平，自己收益和同事收益情况，为此得到了一些新的理论上的见解；蒲勇健（2007）通过将 Rabin（1993）提出的"公平博弈"概念植入现有委托—代理模型，获得一个考虑了代理人表现出"互惠性"非理性行为的新委托—代理模型，由该模型给出的最优委托—代理合约可以给委托人带来比现有委托—代理最优合约更高的利润水平。在传统的委托代理模型中植入公平偏好后，突破了原有模型的局限性，增强了模型的解释力。

人类多种偏好的存在性，不是对原有经济学假设的否定，而是一种补充和完善。对多种偏好的重视与关注将更有利于我们对经济活动中人类行为的考察，增强经济学对人类行为的解释力。在供应链知识共享过程中，充分认识社会偏好的存在性及其对供应链知识共享的影响：一是扩宽了对供应链知识共享中知识共享行为的全面认识；二是充分尊重多种偏好的存在，其实是对供应链中的知识主体——人或组织的尊重体现。

传统的供应链管理大都是基于成员自利偏好的假设。但社会偏好如利他、互惠等内在激励以及一些良好的道德规范对一个好的治理结构是非常必要的，它常常能够改进在自利偏好下无法实现的激励（Bowles & Hwang，2008）。因此，在供应链知识共享制度设计过程中，应该充分考虑供应链中知识主体存在不同偏好的事实,从而使所设计的制度有利于刺激参与知识共享主体的利他基因,提高制度的有效性,减少供应链整个制度的建设和运行成本。

为此,基于所构建的偏好空间模型,我们提出"道德市场"这一概念,并以此作为供应链知识共享的一种有效激励机制。这里的"道德"含义,沿袭鲍曼关于道德的研究范畴,即"道德"仅指在叙述性——社会学意义上对建立在其他动机之上而非建立在对法律强制的恐惧之上的规范的遵守。鲍曼的道德范畴有两个含义:一是肯定了道德是作为一种规范而存在的;二是道德与正式的制度对应,他区分了正式的制度和道德。道德问题与供应链知识共享是紧密联系的,可以体现在以下三个方面。

第一,供应链知识共享客观存在的事实,反映了供应链成员在知识共享中道德的存在性。供应链知识共享是成员采取合作战略的结果,体现为成员企业间的一种契约关系,当然这个契约关系会影响合约的行为,这也是本书的第四章、第五章研究的问题所在。只要这个合作战略对供应链成员而言不是一次性的博弈,那么必然是建立在成员道德约束基础之上的,否则这种合作战略就会崩溃。

第二,道德与供应链成员知识共享行为密切相关。正如 Adam Smith 指出"情感或心理的感受,是各种行为产生的根源,也是品评整个行为善恶最终必须倚赖的基础"。"行为的合宜与否,或者说,行为究竟是端正得体或粗鲁下流,全在于行为根源的情感……"因此,在研究供应链知识共享行为的过程中,除了对知识共享的一些正式制度,包括对前面第四章、第五章所设计的合约制度进行考察外,还应该考察知识共享主体的道德情感因素。然而,对这一点虽然引起部分学者的注意,但对其研究还有待继续深入。

第三,供应链知识共享本身为道德的产生提供了良好的环境。供应链知识共享本身为供应链中的有德之士提供了与其他有德之士进行合作的机会。特别是在基于较强互补性供应链成员企业间更是如此。关于道德的起源,历来许多学者提出了许多不同的理论,是一个非常复杂的问题,也是伦理学史上争议颇多的问题,道德起源有其生理前提、心理动因和社会基础(彭柏林,赖换初,2003)。总之,道德不会在一个只有一个人的封闭的环境中产生,供应链企业间的知识共享协作行为为道德的产生提供了环境依存。

道德市场,或基于道德的市场在这里具有相同的含义。道德市场的建立,是要建立一种基于道德的市场机制,以此来作为供应链知识共享的一种激励机制,在这种机制下,使社会偏好能够成为知识共享成员企业的最优战略选择。以下就道德市场中道德的供求关系、道德市场的规范、道德市场的运作机制等问题进行研究。

一、作为治理机制的道德市场的供求分析

构成市场的两个最基本要素是市场上要存在需求方和供给方。供应链里面的需求方来源于从供应链知识共享中的获利者。因为供应链知识共享并非让所有供应链成员企业受益,对从知识共享中可能的获益者而言,他们追求自身利益的最大化,往往需要共享一方或双方是一个道德人士,他们具有道德美德,这些道德人士能够按照供应链知识共享的规范要求或道德人士个人的行为准则(这种个人行为准则是符合供应链需要的行为,其行为往往导致供应链其他成员或者供应链整体利益的最大化)共享自己的知识,而不需要知识共享获利一方做出任何的成本付出。而在非道德环境下,如在合约机制下,知识共享中获利者为了促使对他有利的知识共享活动的开展,由于知识共享往往面临的是一个社会两难选择,因而需要赋予共享成员不同的委托代理权利,以此来激励其中的一方参与知识共享,这种情况下,实质上是以租金损失为代价的。因此,追求利益最大化的供应链成员,只要道德市场运行成本比其他共享的制度成本更低,知识共享的获利者就会成为知识共享道德市场中道德的需求者。

供应链知识共享道德市场的供给者,他们为道德市场提供道德美德。这个提供可以从最原始的提供动因来看,这种良好的道德可能是一种本身具有的生物特性(彭柏林,赖换初,2003;李建华,冯昊青,2007),因为知识共享主体通过

遗传天生就具有这种良好的道德。这正如亚当·斯密指出："人不管有多么自私，在他们人性中显然还有一些原理，促使他关心他人的命运，使他人幸福成为他自己幸福的必备条件，尽管除了看到他人幸福他自己也觉得快乐之外，他从他人的幸福中得不到任何其他好处。"从供给更高层次来讲，道德是随着知识共享活动开展，通过学习而得到的一种良好的道德美德，从而为供应链知识提供更高层次的道德美德。

二、道德市场的规范与要求

道德市场的规范，对供应链知识共享而言是一种对参与知识共享的主体行为的约束方式。规范可分为供应链整体的规范与供应链中单个知识主体的个人规范。类似鲍曼对社会规范与个人规范的关系的论述，我们可得出供应链整体的规范与知识主体个人规范之间存在这样一种关系：供应链整体规范往往与规范的对象利益背道而驰，而个人规范需要符合整体规范，但整体规范的实施应该满足个人的利益。

对规范要求而言，规范应该具有普适性。对普适性的要求意味着通过该规范给个体带来好处或负担，那么它就必须给每一个具有相同的基本特征的个体带来好处或负担。根据该原则，"对某一个体正确的事物，必然也应该对其他个体同样正确，只要其他个体以相关的方式拥有类似的性格并以相关的方式处理类似的情形"。对供应链而言，知识共享可分为不同的层次，按照普适性要求，对任何层次的知识主体在相同情境下，应该适用于一致的规范。规范的普适性是供应链知识共享成员平等地位的体现。

三、道德市场的运行机制及其局限性

供应链知识共享道德市场的运行机制，在理性道德人的假设基础上，一种良好的道德市场运行机制还得靠一种内生的机制，即道德市场运转机制的有效性在于随着道德市场的建立和运行,道德市场本身能够产生更多的道德需求,并提供这种"产品",道德市场本身要能够创造出"道德生产力"。任何一个道德行为的主体在进行道德决策时都有权力考虑自己的"道德成本",而社会则应该努力营造一种降低"道德成本"的机制,以促进个人道德偏好的形成和社会道德水平的提高(汪丁丁,叶航,2003)。

对供应链知识共享而言,道德市场面临很多局限性,主要表现在如下三个方面。

首先,道德规范的普适性难以以同样的方式作用于供应链知识共享的所有成员。随着供应链全球一体化进程的加剧,不同成员之间存在语言、文化及空间上的障碍,规范的影响范围可能难以触及参与供应链的所有知识共享主体。

其次,在供应链知识共享过程中,不同成员获得的利益分布可能不同,如果这种情况长期存在,就无法让全体成员感到投资美德有利可图。那么"他将保持'机会主义'而不是保持美德"。这里需要注意的是,如果知识共享获利分配不均衡,并不是说获利多的成员更愿意投资于美德,而获利少的更愿意选择"机会主义",如果获利不均,长期来看供应链的全体成员对美德的投资将会减少。因为即使暂时获利多的成员,他们也会设身处地地为获利少的成员着想,理性的参与者会想到长此以往,将来获利少的对象也许会落到他们身上,故而会放弃他曾经尊重的道德规范。

最后,成本原因形成的监督控制有限的问题。知识及供应链的特性都决定了知识共享监督成本很高,甚至有时候没有办法进行监督,故而这样的道德市场是不完整的。

四、道德市场的实现与惩罚机制

随着供应链的建立与运行,隐藏在知识共享主体中的道德意识就会彰显出来,在多次重复过程中形成一种自发性的道德市场。

但是,对一种以追求营利为目的企业联盟而言,道德市场更可能是一种计划的结果。如鲍曼指出："道德这一财富不可以再托付给偶然性和人的利益之间自发的相互作用,而必须得到有计划的创造与传播。"这种对道德的有计划的创造和传播,本身就是知识的一种共享。

规范的普适性,指的是道德的内容,指明了供应链成员知识共享过程中应该遵从的行为指南。对任何市场而言,仅仅有此是远远不够的,健全的市场还需要一种惩罚机制。由于研究沿袭鲍曼关于道德研究范畴,因此,对道德市场的惩罚机制而言,惩罚实施有两种途径:一是对背离美德的人由他们自己实施惩罚;二是由供应链其他成员对背离美德的人实施惩罚。对第一种惩罚而言,当背离美德的个人如果因为自己的背离对自己的自责越深刻,那么,以后他再次违背美德的机会就越小。对第二种惩罚机制而言,如果供应链中越多成员参与对背离美德的人实施惩罚,那么"背离者"的风险也就越大,其背离规范行为的可能性就越小。总之,惩罚机制越有效,供应链知识共享就越容易形成一种良好的道德秩序。

第五节　本章小结

在同样的环境下,为什么会有人表现出不同的偏好呢? 基于本章构建的供应链知识共享偏好空间模型,得出的答案在于这种差异是由本身具有的不同偏好的基因所占的比例所决定的。因此,选择供应链知识共享合作伙伴时,要尽量选择公平、互惠等基因比例比较大的合作伙伴,因为在获得同样有利于知识共享的行为时,交易费用会更低,换言之,在既定的制度费用下,具有较大比例有利于知识共享偏好基因的参与者,会做出更有利的知识共享行为。但是对一个既定的供应链而言,要有效开展供应链知识共享,只能够改变偏好依存的环境,这里的环境,就是本章所提出的道德市场。

第十章

10

研究结论与后续研究

　　供应链如何有效地开展知识共享,涉及诸多的研究领域和研究议题,本书只做了部分工作,因此,一些重要议题留待将来作为后续研究。本章总结了全书所取得的研究结论,并简要讨论了几个后续研究议题。

第一节　研究结论

　　本书在基于知识的供应链这一观点的基础上,构建了供应链知识共享的三维空间模型,并利用委托代理等理论研究了在不同空间依存下的供应链知识共享机制设计问题。从总体看,基本实现了预期的研究目标,其主要的成果和结论如下:

　　(1)供应链知识共享按照参与主体不同,可以分为不同的层次:个人知识共享层次、组织知识共享层次,以及企业间的知识共享层次等。本书研究指出不同知识共享层次具有全息的性质,因此,在对供应链知识共享行为的研究过程中,不同主体尽管存在许多的差异,但他们在知识共享过程中的行为特征是一致的。

　　(2)构建了供应链决策信息空间模型,研究了供应链知识共享过程中信息不对称问题,以及合约在信息空间上的作用机制,形成了一个分析供应链决策信息的统一框架。得出的基本结论是:影响决策的因素可以统一在信息空间上加以分析,合约的激励作用是通过合约触发信息维度变量、改变信息结构得以实现的。

　　(3)基于所构建的活动空间模型,得出供应链知识共享任务在活动空间上的一些基本性质,即知识共享任务的集合性,知识共享任务的作用力性质,知识共享任务的替代性,知识共享任务的互补性。得出的基本结论是:任务的性质与合约机制设计有着错综复杂的关系,任务的不同性质对合约设计产生不同的影响,在合约设计时应根据任务的不同性质选择灵活的合约机制,比如针对不同的任务性质来选择单任务合约设计或多任务合约设计等。

（4）构建了供应链知识共享偏好空间模型。证明了偏好（人性）的存在，而且偏好是不随外界因素变化而改变的，同时也证明了行为经济学偏好内生的观点。这对供应链知识共享的启发在于，如果偏好要影响知识共享，只有改变外界环境来改变偏好的表现形式。

（5）针对信息空间决策信息的不对称性，设计了在道德风险和逆向选择下的合约机制。得出了相应命题：①存在道德风险时，当努力水平完全信息时，委托人按照代理人付出的努力水平决定其支付标准；努力水平不对称信息时，委托人选择一个能够揭示代理人努力程度的变量作为对代理人的支付依据，变量显示的努力水平越高，对代理人的支付就应该越高，否则就不会起到激励代理人的作用。②当存在逆向选择时，得到了完全信息和信息不对称下的合约结构特征的命题。

（6）研究了在不同任务组合下的供应链知识共享合约设计问题。供应链成员企业在知识共享过程中呈现出多任务委托—代理关系，且其任务之间具有可替代性、部分业绩不可量化等特点。通过构建供应链知识共享多任务委托—代理模型，得出了不同任务组合下供应链知识共享的最优合约设计，讨论了贴现率、任务之间的可替代性系数、不可证实业绩以及对委托人收益的影响因子等对激励合约的影响，得出了参数变化与合约选择的对应区间。

（7）在考虑供应链知识共享行为主体偏好情况下，提出了将道德市场作为有效的知识共享治理机制，并从道德市场与供应链知识共享的关系、道德市场中"道德产品"的供求关系、道德市场的规范问题、道德市场的运行机制及道德市场的惩罚机制等几个方面对道德市场的构建进行了研究。这里的一个基本观点是道德市场可以随着供应链知识共享的开展自发形成，但对以营利为目的的供应链联盟而言，其道德市场的建立更需要有计划地创造与传播。

第二节　有待继续研究的领域

　　供应链知识共享是一项系统工程,完整地研究供应链知识共享空间问题及知识共享的机制设计问题涉及的行为主体和内容将是庞杂而丰富的。本书也仅仅涉及其中的一部分。尽管本书对供应链知识共享空间问题及机制设计问题进行了较为深入的研究,得出了具有一定说服力和参考价值的结论与建议,然而受作者研究水平的限制,本书的研究依然存在较为明显的局限与不足,许多问题没有展开充分论述,有的甚至还没有进入本书的研究视野,尚需进一步深入研究。因此,在笔者有限的研究与认知水平下,提出了今后继续研究的三个方向。

一、供应链知识共享空间问题进一步的研究

　　在供应链知识共享的研究中有必要引入"空间"概念,运用空间经济学的方法来研究供应链知识共享问题,甚至是供应链问题,其原因有二:一是空间经济学已经成为经济学的主流理论;二是在知识领域的研究中广泛使用"空间"作为其分析的架构。在本研究之初,引入"空间"概念,构建供应链知识共享的空间模型,其初衷仅仅在于为供应链知识共享构建一个可以依托的环境,更好地刻画供应链知识共享制度设计所依托的维度。随着研究的深入,对供应链知识共享中"空间"的认识越加深刻,"空间"对我们所研究的问题而言其作用不仅如此,空间问题是供应链将来研究的一个重要课题。

　　正如 Fujita et al.(1999)在《空间经济学》最后所说"如今我们已经没有任何借口可以忽略经济生活中的空间方面了。它永远是有趣的且是重要的"一样,把空间经济学引入对供应链(包括供应链知识共享)的研究,是将来研究的必然选择。由于在研究之初引入空间概念初衷的限制,在研究中"空间"仅仅作

为供应链知识共享机制设计的一个外生变量,在将来的研究中,一个重要的研究方向是把空间变量纳入供应链知识共享的一个内生变量加以研究,并在研究中不断拓宽对空间含义的认识和理解,尽管在研究过程中会存在许多的挑战和困难,但这一未来的研究方向是明确的。

二、供应链知识共享过程中微弱信号机制的设计问题研究

在供应链知识共享机制设计过程中,往往有意或无意基于这样的假设:我们能够对整个知识共享过程进行控制。然而在知识共享过程中,存在很多我们所不能或很难控制的东西。这些东西在知识共享过程中伴随着许多偶然因素的出现而出现,它们的出现是非程序性的,可能是一闪而过的。我们把供应链知识共享过程中这些难以控制、偶尔出现的东西叫作"微弱信号"。微弱信号可能是供应链成员知识共享过程中思想的火花,也可能是服务商在对顾客所购买产品维修过程中觉察到产品发出的一种不正常的声音。这种信号太微弱以至于在常态下难以发现,或者它混迹在正常的信号中让人习以为常,或者转瞬即逝。然而在这些微弱信号中可能蕴藏着知识创新的关键所在,比如那一闪而过的思想火花如果抓住了就意味着有较大的知识创新结果出现;微弱信号也可能是重大的危机或机会出现前的征兆,比如在服务过程中微不足道的异常的声音,可能是产品存在重大的设计缺陷所致,如果加以重视就可以避免造成更大的伤害。再如医院发现几个患结石的婴儿都使用了某品牌奶粉,并将这一信息反映给了销售商。销售商可能认为这一事件只是一种偶然现象,是一种巧合,因而忽视它;但该信号也可能说明该产品在生产过程中存在被污染等重大食品安全问题,如果能够对这一微弱信号及时收集、控制和处置,就可能避免重大食品安全事故的出现,从而避免给整个供应链造成重大的损失。

如何对这种在知识共享过程中可能出现的微弱信号进行收集和控制,目前在供应链知识共享过程中还没有引起人们的注意,对建立有效的知识共享微弱信号机制还没有进行研究。这种基于微弱信号的机制是供应链整个知识共享

激励机制设计的一个重要补充和完善。

三、供应链知识共享过程中偏好及道德问题的研究

鲍曼指出："新旧经济学世界的根本区别不在于行为者的基本利益方面,而是在他们如何能够实现其利益方面。""在旧经济学世界中,规范兴趣者要实现看到他人遵循规范的愿望,必须求助于通过改变他人行为的外在因素,使服从规范成为他们效用最大化的选择,而在新经济学世界中,规范兴趣者也可以指望改变规范对象的内在行为因子。"的确,当我们试图在自利偏好假设基础上引入其他偏好时,经济活动中整个人类行为的方式已经发生了很大的不同。就供应链知识共享的研究而言,虽然在本书研究中对成员在共享过程中的偏好进行了考虑,并设计了基于道德市场的共享机制或称为制度,为该领域的研究进行了初步的探索,取得了一定研究结果,但是正如汪丁丁和叶航(2003)在《理性与道德——关于经济学研究边界和广义效用的讨论(一)》一文最后所指出的:"这是一个全新的领域,远远超过了现在经济学的范围和意义。"因此,在今后的研究中,将在目前研究的基础上,对供应链知识共享过程中的偏好及道德等相关问题继续进行深入研究。

参考文献

安小风,张旭梅,2007. 供应链知识共享存在的问题及对策研究[J]. 科技进步与对策,24(1):21-23.

安小风,张旭梅,张慧涛,2008. 供应链知识共享的囚徒困境及经济学的解决方法研究[J]. 管理世界(9):182-183.

陈秉钊,范军勇,2007. 知识创新空间论[M]. 北京:中国建筑工业出版社.

陈炳亮,2011. 不同派别的企业边界观理论评析[J]. 现代管理科学(7):57-59.

陈菊红,王能民,杨彤,2002. 供应链中的知识管理[J]. 科研管理,23(1):98-102.

崔兵,2011. 能力、交易费用与企业边界[J]. 中南财经政法大学学报(1):128-134.

戴中亮,2004. 委托代理理论述评[J]. 商业研究(19):98-100.

董志强,2006. 公司治理中的监督合谋:基于组织合谋分析框架的理论研究[D]. 重庆:重庆大学.

董志强,2006. 经济行为的公平原则[J]. 经济学家茶座(1):79-82.

洪开荣,2002. 空间经济学的理论发展[J]. 经济地理,22(1):1-4.

胡涛,查元桑,2002. 委托代理理论及其新的发展方向之一[J]. 财经理论与实践,23(S3):3-5.

孔狄亚克,1989. 人类知识起源论[M]. 洪洁求,洪丕柱,译. 北京:商务印书馆.

李宝莹,毕巍强,2002. 空间、信息结构与经济发展[J]. 经济问题(6):21-23.

李海舰,陈小勇,2011. 企业无边界发展研究:基于案例的视角[J]. 中国工业经济(6):89-98.

李建华,冯昊青,2007. 道德起源及其相关性问题:一种基于人类自演化机制的新视角[J].中南大学学报(社会科学版),13(3):245-250.

李京文,等,2002.知识经济与决策科学[M].北京:社会科学文献出版社.

李顺才,邹珊刚,苏子仪,2003.一种基于永续盘存的知识存量测度改进模型[J].科学学与科学技术管理,24(9):13-15.

梁琦,刘厚俊,2002.空间经济学的渊源与发展[J].江苏社会科学(6):61-66.

林东清,2005.知识管理理论与实务[M].北京:电子工业出版社.

林勇,马士华,2000.供应链企业合作机制与委托实现理论[J].南开管理评论,3(2):49-53.

刘勇军,聂规划,2007.面向供应链的知识链模型及其管理策略[J].情报杂志,26(6):24-26.

吕鹏,陈小悦,2004.多任务委托-代理理论的发展与应用[J].经济学动态(8):74-77.

罗晖,程如烟,2006.建设知识社会是人类可持续发展的必由之路:对联合国教科文组织《迈向知识社会》报告的评述[J].中国软科学(6):156-160.

马士华,林勇,2006.供应链管理[M].北京:高等教育出版社.

米歇尔·鲍曼,2003.道德的市场[M].肖君,黄承业,译.北京:中国社会科学出版社.

彭柏林,赖换初,2003.道德起源的三个视角[J].哲学动态(11):14-17.

彭灿,2004.供应链中的知识流动与组织间学习[J].科研管理,25(3):81-85.

蒲勇健,2007.植入"公平博弈"的委托—代理模型:来自行为经济学的一个贡献[J].当代财经(3):5-11.

宋玉华,吴聘,2006.关税升级与垄断竞争产业发展:基于空间经济学的分析[J].世界经济,29(7):15-27.

孙元欣,2003.供应链管理原理[M].上海:上海财经大学出版社.

汪丁丁,叶航,2003.理性与道德:关于经济学研究边界和广义效用的讨论(一)[J].社会科学战线(4):29-34.

汪克夷,牛娉,2005.供应链企业间的知识共享研究[C].北京:首届中国科技政策与管理学术研讨会.

魏和清,2005.关于知识测度理论与方法的思考[J].当代财经(7):120-123.

吴绍波,顾新,2008.知识链组织之间合作的关系强度研究[J].科学学与科学技术管理,29(2):113-118.

吴新文,熊永豪,赵飒,等,2013.基于知识增长规律的知识存量测度[J].科技进步与对策,30(16):152-155.

吴颖,蒲勇健,2008.区域过度集聚负外部性的福利影响及对策研究:基于空间经济学方法的模拟分析[J].财经研究,34(1):106-115.

徐庆,朱道立,李善良,2007.不对称信息下供应链最优激励契约的设计[J].系统工程理论与实践,27(4):27-33.

亚当·斯密,1972.国民财富的性质和原因的研究:上卷[M].郭大力,王亚南,译.北京:商务印书馆.

亚当·斯密,2008.道德情操论:全译本[M].谢宗林,译,北京:中央编译出版社.

杨敏才,凌超,王槐林,2004.供应链的知识管理系统[J].研究与发展管理,16(1):44-48.

杨治宇,马士华,2001.供应链企业间的委托代理问题研究[J].计算机集成制造系统,7(1):19-22.

曾楚宏,王斌,2011.信息技术与组织结构:观点比较与研究展望[J].财经科学(3):83-91.

张维迎,余晖,1994.西方企业理论的演进与最新发展[J].经济研究,29(11):70-81.

张悟移,2006.供应链企业知识链管理模型研究[J].经济问题探索(12):52-56.

张雪魁,2010.知识、不确定性与经济理论:主流经济理论的三个替代性假设[M].上海:上海人民出版社.

张玉蓉,张旭梅,2006.供应链中核心企业与供应商知识共享的分析与启示:丰田公司案例研究[J].科学管理研究,24(2):117-120.

张跃平,刘荆敏,2003.委托—代理激励理论实证研究综述[J].经济学动态(6):74-78.

朱庆,张旭梅,2005.供应链企业间的知识共享机制研究[J].科技管理研究,25(10):69-71.

ALCHIAN A A, DEMSETZ H,1972. Production, information costs, and economic organization[J]. American Economic Review,62(5):777-795.

ALLEE V,1997. The knowledge evolution[M]. Oxford:Butterworth-Heinemann.

AXELROD R M,1985. The Evolution of Cooperation[M]. New York:Basic Books.

BAKER G P,1992. Incentive contracts and performance measurement[J]. Journal of Political Economy,100(3):598-614.

BAKER G, GIBBONS R,MURPHY K J, 1994. Subjective performance measures in optimal incentive contracts[J]. The Quarterly Journal of Economics,109(4):1125-1156.

BANDYOPADHYAY S, PATHAK P,2007. Knowledge sharing and cooperation in outsourcing projects:a game theoretic analysis[J]. Decision Support Systems,43(2):349-358.

BARNEY J B, 1991. Firm resources and sustained competitive advantage [J]. Journal of Management(17):99-120.

BERLIANT M, REED R R,WANG P,2006. Knowledge exchange, matching, and agglomeration[J]. Journal of Urban Economics,60(1):69-95.

BERLIANT M, 2008. FUJITA M. Knowledge creation as a square dance on the hilbert cube[J]. International Economic Review,49(4):1251-1295.

BESSANT J, KAPLINSKY R,LAMMING R,2003. Putting supply chain learning into practice[J]. International Journal of Operations & Production Management, 23

(2): 167-184.

BOISOT M H,1998. Knowledge assets: securing competitive advantage in the information economy[M]. New York: Oxford University Press.

BOWLES S, HWANG S H,2008. Social preferences and public economics: mechanism design when social preferences depend on incentives[J]. Journal of Public Economics,92 (8/9): 1811-1820.

BOWLES S,2004. Microeconomics: behavior, institutions, and evolution[M]. New York: Russell Sage Foundation.

CABRERA A, CABRERA E F, 2002. Knowledge-sharing dilemmas[J]. Organization Studies, 23(5): 687-710.

CAMERER C F,2003. Behavioral game theory: experiments in strategic interaction [M]. Princeton: Princeton University Press.

CHEN M Y, HUANG M J, CHENG Y C,2009. Measuring knowledge management performance using a competitive perspective: an empirical study[J]. Expert Systems with Applications,36(4): 8449-8459.

CHOPRA S, MEINDL P,2001. Supply chain management: strategy, planning, and operation[M]. Upper Saddle River: Prentice-Hall.

CHRISTOPHER M,2005. Logistics and supply chain management: creating value-adding networks [M]. 3rd ed. Upper Saddle River: Financial Times Prentice Hall.

COHEN W M, LEVINTHAL D A,1990. Absorptive capacity: a new perspective on learning and innovation[J]. Administrative Science Quarterly,35(1): 128-152.

COLLINS R, DUNNE T,O'KEEFFE M,2002. The "locus of value": a hallmark of chains that learn[J]. Supply Chain Management: an International Journal,7 (5): 318-321.

CONNOLLY T, THORN B,1990. Discretionary databases: theory, data, and implications [M]//Organizations and communication technology. California: SAGE Publiactions, Inc. .

CONNOLLY T, THORN B,1992. Discretionary databases as social dilemmas in social dilemmas: theoretical issues and research findings[M]. New York: Pergammon.

CORBETT C J, DECROIX G A,HA A Y,2005. Optimal shared-savings contracts in supply chains: linear contracts and double moral hazard[J]. European Journal of Operational Research,163(3): 653-667.

DAVENPORT T H, JARVENPAA S L,BEERS M C, 1996. Improving knowledge work processes[J]. Sloan Management Review,37 (4): 53-65.

DESOUZA K C, CHATTARAJ A, KRAFT G,2003. Supply chain perspectives to knowledge management: research propositions[J]. Journal of Knowledge Management,7(3): 129-138.

DIXIT A, STIGLITZ J, 1977. Monopolistic competition and optimum product diversity[J]. American Economic Review,67(3): 297-308.

DRUCKER P F,1993. Post-capitalist society [M]. New York: Tadlor & Francis Group.

DYER J H, HATCH N W,2004. Network-specific capabilities, network barriers to knowledge transfers, and competitive advantage [J]. Academy of Management Proceedings(1): V1-V6.

DYER J H, HATCH N W,2004. Using supplier networks to learn faster[J]. MIT Sloan Management Review,45(3): 57-63.

DYER J H, HATCH N W,2006. Relation-specific capabilities and barriers to knowledge transfers: creating advantage through network relationships [J]. Strategic Management Journal,27(8): 701-719.

DYER J H, NOBEOKA K,2000. Creating and managing a high-performance knowledge-sharing network: the Toyota case [J]. Strategic Management Journal, 21 (3): 345-367.

DYER J H, SINGH H, 1998. The relational view: cooperative strategy and sources of interorganizational competitive advantage [J]. Academy of Management Review, 23(4): 660-679.

FEHR E, KLEIN A, SCHMIDT K M, 2007. Fairness and contract design [J]. Econometrica, 75 (1), 121-154.

FRASCATORE M R, MAHMOODI F, 2008. Long-term and penalty contracts in a two-stage supply chain with stochastic demand [J]. European Journal of Operational Research, 184(1): 147-156.

FUJITA M, KRUGMAN P, VENABLES A J, 1999. The spatial economy: cities, regions and international trade [M]. Cambridge: MIT Press.

FUJITA M, MORI T, 2005. Frontiers of the new economic geography [J]. Papers in Regional Science, 84 (3): 377-405.

FUJITA M, THISSE J F, 2006. Globalization and the evolution of the supply chain: who gains and who loses? [J]. International Economic Review, 47(3): 811-836.

GHOSHAL S, BARTLETT C A, 1988. Creation, adoption, and diffusion of innovations by subsidiaries of multinational corporations [J]. Journal of International Business Studies, 19(3): 365-388.

GOLD A H, MALHOTRA A, SEGARS A H, 2001. Knowledge management: an organizational capabilities perspective [J]. Journal of Management Information Systems, 18(1): 185-214.

GRANT R M, 1996. Toward a knowledge-based theory of the firm [J]. Strategic Management Journal, 17(S2): 109-122.

GRANT R M, 1997. The knowledge -based view of the firm: implications for management practice [J]. Long Range Planning, 30(3): 450-454.

GROSSMAN S J, HART O D,1983. An analysis of the principal-agent problem[J]. Econometrica,51(1):7-45.

GULATI R,1999. Network location and learning: the influence of network resources and firm capabilities on alliance formation[J]. Strategic Management Journal,20 (5):397-420.

GUPTA A K, GOVINDARAJAN V,2000. Knowledge flows within multinational corporations[J]. Strategic Management Journal,21(4):473-496.

HALL R, ANDRIANI P, 1998. Analysing intangible resources and managing knowledge in a supply chain context [J]. European Management Journal, 16(6): 685-697.

HANDFIELD R B, NICHOLS E L Jr,2002. Supply chain redesign: transforming supply chains into integrated value systems[M]. Upper Saddle River: Financial Times Prentice Hall.

HART O, HOLMSTROM B,1987. The theory of contracts[M]. Cambridge: Cambridge University Press.

HELFAT C E,1997. Know-how and asset complementarity and dynamic capability accumulation: the case of R&D [J]. Strategic Management Journal, 18(5): 339-360.

HENDRIKS P,1999. Why share knowledge? The influence of ICT on the motivation for knowledge sharing[J]. Knowledge and Process Management,6(2):91-100.

HOLMSTROM B, MILGROM P,1985. Aggregation and linearity in the provision of intertemporal incentives[J]. Econometrica,55(2):303-328.

HOLMSTROM B, MILGROM P,1991. Multitask principal-agent analyses: incentive contracts, asset ownership, and job design[J]. Journal of Law, Economics, and Organization,7(59):24-52.

HOLMSTROM B,1979. Moral hazard and observability[J]. The Bell Journal of Economics,10(1):74-91.

HOLMSTROM B,1982. Moral hazard in teams[J]. The Bell Journal of Economics, 13(2):324-364.

HULT G T M, KETCHEN D J,CAVUSGIL S T, et al. ,2006. Knowledge as a strategic resource in supply chains[J]. Journal of Operations Management,24(5): 458-475.

HULT G T M, KETCHEN D J,NICHOLS E L J,2003. Organizational learning as a strategic resource in supply management[J]. Journal of Operations Management, 21(5):541-556.

HULT G T M, KETCHEN D J,SLATER S F,2004. Information processing, knowledge development, and strategic supply chain performance[J]. Academy of Management Journal,47(2),241-253.

HUME D,GREEN T H, GROSE T H, 1964. The philosophical works[M]. Aalen: Scientia Verlag.

ITOH H,2004. Moral hazard and other -regarding preferences[J]. The Japanese Economic Review,55(1):18-45.

KANKANHALLI A, TAN B C Y,2005. Knowledge management metrics: a review and directions for future research[J]. International Journal of Knowledge Management,1(2):20-32.

KETCHEN D J, HULT G T M,2007. Bridging organization theory and supply chain management: the case of best value supply chains[J]. Journal of Operations Management,25(2),573-580.

Kim B, 2000. Coordinating an innovation in supply chain management [J]. European Journal of Operational Research,123(3):568-584.

KOGUT B, ZANDER U,1996. What firms do? Coordination, identity, and learning [J]. Organization Science,7(5):502-518.

KOGUT B, ZANDER U,1992. Knowledge of the firm, combinative capabilities, and the replication of technology[J]. Organization Science, 3(3): 383-397.

KOLLOCK P, 1998. Social dilemmas: the anatomy of cooperation [J]. Annual Review of Sociology,24(1): 183-214.

KRUGMAN P,1980. Scale economies, product differentiation, and the pattern of trade[J]. American Economic Review,70(5): 950-959.

KRUGMAN P,1991. Increasing returns and economic geography[J]. Journal of Political Economy,99(3): 483-499.

KRUGMAN P, 1998. Space: the final frontier [J]. Journal of Economic Perspectives,12(2): 161-174.

LARSSON R, BENGTSSON L, Henriksson K, et al.,1998. The interorganiztional learning dilemma: collective knowledge development in strategic alliances[J]. Organization Science,9(3): 285-305.

LEE D J, AHN J H,2007. Reward systems for intra-organizational knowledge sharing [J]. European Journal of Operational Research,180(2): 938-956.

LEE H L,2004. The triple: a supply chain[J]. Harvard Business Review,82(10): 102-112,157.

LI S, Zhu D, 2005. Supply chain linear incentive contract with asymmetric information and moral hazard[J]. OR Transactions,19(2): 21-29.

LIAO S H, CHANG J C, CHENG S C, et al., 2004. Employee relationship and knowledge sharing: a case study of a taiwanese finance and securities firm[J]. Knowledge Management Research & Practice,2(1): 24-34.

LIN C,HUNG H C, WU J Y, et al., 2002. A knowledge management architecture in collaborative supply chain[J]. Journal of Computer Information System,42(5): 83-94.

LIN L H, GENG X J,WHINSTON A,2005. A sender-receiver framework for knowledge transfer[J]. MIS Quarterly,29 (2):197-219.

MACHLUP F, 1973. The production and distribution of knowledge in the United States[M]. Princeton: Princeton University Press.

MANDYAM M S,THEODORE P S,et al. , 2014. Global supply chains [M]. Acid-free Paper.

MILLER G J,1993. Managerial dilemmas: the political economy of hierarchy[M]. Cambridge: Cambridge University Press.

MILLER W L, MORRIS L,1999. Fourth generation R&D : managing knowledge, technology, and innovation[M]. Hoboken: Wiley.

MIRRLEES J A,1974. Notes on welfare economics, information, and uncertainly [M]. Essays on Economic Behavior under Uncertainty. Amsterdam: North-Holland.

MIRRLEES J A,1976. The optimal structure of incentives and authority within an organization[J]. The Bell Journal of Economics,7(1):105-131.

MIRRLEES J A,1999. The theory of moral hazard and unobservable behaviour: Part I [J]. Review of Economic Studies,66(1):3-21.

NONAKA I, TAKEUCHI H,1991. The knowledge-creating company[J]. Harvard Business Review,69(6):96-104.

NONAKA I , TAKEUCHI H, 1995. The knowledge-creating company: how Japanese companies create the dynamics of innovation[M]. New York: Oxford University Press.

OLSON M, 1971. The logic of collective action: public goods and the theory of groups[M]. Cambride: Harvard University Press.

PETER E D, LOVE A G,2002. Learning alliances: a customer-supplier focus for continuous improvement in manufacturing[J]. Supply Chain Management,7(1):41-55.

POLANYI M, 1966. The tacit dimension[M]. London: Routledge & Kegan Paul.

PORTER M, 1990. The competitive advantage of nations[M]. New York: Free Press.

POWELL W W, KOPUT K W, SMITH D L, 1996. Interorganizational collaboration and the locus of innovation: networks of learning in biotechnology[J]. Administrative Science Quarterly, 41(1): 116-145.

RABIN M, 2002. A perspective on psychology and economics[J]. European Economic Review, 46(4/5): 657-685.

RABIN M, 1993. Incorporating fairness into game theory and economics [J]. American Economic Review, 83(5): 1281-1302.

RAGAB M A F, ARISHA A, 1997. Knowledge management and measurement: a critical review[J]. Journal of knowledge management, 17(6): 873-901.

REYNIERS D J, TAPIERO C S, 1995. The delivery and control of quality in supplier-producer contracts[J]. Management Science, 41(10): 1581-1589.

ROMER P, 1990. Are nonconvexities important for understanding growth[J]. American Economic Review, 80(2): 97-103.

ROMER P M, 1990. Endogenous technological change[J]. The Journal of Political Economy, 98(5): 71-102.

ROSS S A, 1973. The economic theory of agency: the principal's problem[J]. American Economic Review, 63(2): 134-143.

RUSSELL B, 1948. Human knowledge: its scope and limits[M]. London: Routledge.

SAMADDAR S, KADIYALA S S, 2006. An analysis of interorganizational resource sharing decisions in collaborative knowledge creation [J]. European Journal of Operational Research, 170(1): 192-210.

SANTOS F M, EISENHARDT K M, 2005. Constructing markets and organizing boundaries: Entrepreneurial action in nascent fields[D]. Working paper.

SANTOS F M, EISENHARDT K M,2005. Organizational boundaries and theories of organization[J]. Organization Science,16(5):491-508.

SCOTT M,1991. A new view of economic growth[M]. Oxford: Oxford University Press.

SMALL C T, SAGE A P,2005. Knowledge management and knowledge sharing: a review[J]. Information Knowledge Syetems Management,5(3):153-169.

SOEKIJAD M, ANDRIESSEN E,2003. Conditions for knowledge sharing in competitive alliances[J]. European Management Journal,21(5):578-587.

SPEKMAN R E, SPEAR J, KAMAUFF J,2002. Supply chain competency: learning as a key component[J]. Supply Chain Management,7 (1):41-55.

SPENCE A M, ZECKHAUSER R J,1971. Insurance, information and individual action[J]. American Economic Review,61(2):380-387.

WANG C C,2004. The influence of ethical and self-interest concerns on knowledge sharing intentions among managers: an empirical study[J]. International Journal of Management,21(3):370-381.

WERNERFELT B,1984. A resource-based view of the firm[J]. Strategic Management Journal,5(2):171-180.

WIlSON R,1969. The strcture of incentive for decentralization under uncertainty [J].La Decision:171.

WOOD D J, GRAY B,1991. Toward a comprehensive theory of collaboration[J]. Journal of Applied Behavioral Science,27(2):139-162.

ZACK M H,1999. Managing codified knowledge [J]. MIT Sloan Management Review,40 (4):45-58.

ZAHRA S A, GEORGE G,2002. Absorptive capacity: a review, reconceptualization, and extension[J]. Academy of Management Review,27(2):185-203.